Andreas Hartinger (Hg.)
Frauke Grittner (Hg.)
Sonja Mühlbauer

Auer Unterrichtspraxis Sachunterricht

Die Hecke

Von der Planung bis zur Lernstandserhebung

Auer Verlag

Die Vorlagen auf CD sind optimiert für Microsoft PowerPoint 2000/2003.

Gedruckt auf umweltbewusst gefertigtem, chlorfrei gebleichtem und alterungsbeständigem Papier.

1. Auflage 2013
Nach den seit 2006 amtlich gültigen Regelungen der Rechtschreibung
© Auer Verlag
AAP Lehrerfachverlage GmbH, Donauwörth
Alle Rechte vorbehalten
Das Werk und seine Teile sind urheberrechtlich geschützt. Jede Nutzung in anderen als den
gesetzlich zugelassenen Fällen bedarf der vorherigen schriftlichen Einwilligung des Verlages.
Hinweis zu § 52 a UrhG: Weder das Werk noch seine Teile dürfen ohne eine solche Einwilligung
eingescannt und in ein Netzwerk eingestellt werden. Dies gilt auch für Intranets von Schulen
und sonstigen Bildungseinrichtungen.
Illustrationen: Corina Beurenmeister
Umschlagfoto: Grafiken: Julia Büchner Tiere: Dingbat Free font von „dafont.com": „Le monde de Victor".
Satz: krauß-verlagsservice, Augsburg
Druck und Bindung: Kessler Druck + Medien GmbH, Bobingen
CD/DVD-Pressung: optimal media production GmbH, Röbel/Müritz
ISBN 978-3-403-0**6975-1**

www.auer-verlag.de

Inhalt

Vorwort 4

1 Das Thema im Unterricht — 5

2 Didaktisch-methodische Hinweise zu den Unterrichtseinheiten — 6

    2.1   Zentrale Unterrichtsmethoden 6
              Unterrichtsgänge 7
              Pflanzen eines eigenen Strauchs 8
              Anlegen eines Herbariums 9
    2.2   Zum Umgang mit den Materialien 11
    2.3   Möglichkeiten der Fächerverbindung 12

3 Unterrichtseinheiten — 13

    3.1   **Die Pflanzen der Hecke** 13
    3.1.1 Die Blätter 13
    3.1.2 Die Sträucher 18
    3.1.3 Die Früchte 24
    3.1.4 Blüten und „Blumen" (krautige Pflanzen) 30

    3.2   **Die Tiere der Hecke** 37
    3.2.1 Tierspuren 37
    3.2.2 Die Vögel 42

    3.3   **Die Hecke als Ökosystem** 48
    3.3.1 Nahrungsbeziehungen 48
    3.3.2 Schutzeinrichtungen 51
    3.3.3 Verbreitung 54

    3.4   **Warum sind Hecken schützenswert?** 58
    3.4.1 Lebensraum für Tiere und Pflanzen 58
    3.4.2 Nutzen für den Menschen 60

4 Heckenprojekt — 66

5 Forschermappe — 67

6 Beispiele für Fragen zur Leistungskontrolle — 71

Literatur und Internetlinks 72
Quellenverzeichnis 72

Vorwort

Mit der vorliegenden Unterrichtshilfe zur „Hecke" liegt nun ein weiterer Band der neuen Reihe „Auer Unterrichtspraxis Sachunterricht" vor. Wir möchten mit dieser Reihe Lehrerinnen und Lehrer unterstützen, die einen **fachlich fundierten Sachunterricht** durchführen, in dem die Schülerinnen und Schüler **individuell gefördert** werden, ohne dass dabei der **soziale Kontext** aus dem Auge verloren wird.

Um dies zu erreichen, wurden für diese Unterrichtsreihe verschiedene Entscheidungen getroffen und umgesetzt:

a) Zentrales unterrichtsmethodisches Element soll in dieser Reihe sein, dass Kinder so oft wie möglich an **komplexen Aufgaben** arbeiten und dabei vielfältige Möglichkeiten erhalten, in einen fachlichen **Dialog** miteinander und mit der Lehrkraft zu treten. Eine Möglichkeit, die in dieser Reihe intensiv betont werden wird, sind „**Forscheraufträge**": Dies sind Aufgaben, in denen die Kinder sich bemühen, auf der Grundlage ihrer Vorerfahrungen selbstständig Erklärungen und Antworten für Phänomene oder Fragen zu finden und diese entsprechend zu verbalisieren. Wir sind überzeugt davon – und Befunde aus dem naturwissenschaftlichen Lernen (z.B. Hartinger, Grygier, Ziegler & Kullmann, 2012) bestätigen dies –, dass durch diese Form des eigenaktiven, auf Vorerfahrungen oder echten Fragestellungen basierenden Lernens Schülerinnen und Schüler mit unterschiedlichen Vorkenntnissen oder kognitiven Fähigkeiten profitieren können.

b) Auch wenn durch die Grundidee des Unterrichts Kinder mit unterschiedlichen Fähigkeiten und Kenntnissen im Blick sind, so wird die Heterogenität der Schülerinnen und Schüler noch mit weiteren Maßnahmen berücksichtigt, indem, wenn möglich und sinnvoll, zusätzliche **differenzierende Angebote** angegeben werden. Dies geschieht sowohl für Kinder mit besonderen Begabungen und Interessen, z.B. durch weiterführende Zusatzaufgaben als auch für Kinder mit Lernschwierigkeiten, wie z.B. durch Hilfekarten, die bei der Durchführung der Forscheraufgaben unterstützen.

c) Pro Band ist ein bestimmtes Thema im Fokus. Dies gibt die Möglichkeit, dieses Thema gründlich zu durchdenken und zu behandeln. So finden sich in jedem Band eine durchdachte **Sequenzierung der Thematik**, die aus der Logik der Sache entstanden ist, sowie **fachliche Hintergrundinformationen** für die Hand der Lehrer(innen), da wir die Analyse der Sache und ihre Einbettung in die Systematik der jeweiligen Bezugsfächer als wichtige Grundlage für einen fundierten Unterricht erachten. Diese sichert ja nicht nur die Richtigkeit der zu lernenden Inhalte, sondern ist auch die Grundlage für einen souveränen Umgang mit dem Thema (indem man dann z.B. Umwege zulassen kann, Aussagen der Kinder einordnen kann …).

d) Es ist bei solchen Unterrichtshilfen immer ein schmaler Grat zwischen der **erforderlichen Festlegung und der nötigen Offenheit** für situative Bedingungen oder für die Fragen der Kinder. Daher finden sich neben sehr konkreten Arbeitsanweisungen, Arbeitsmaterialien u.Ä. auch eine grobe Verlaufsplanung des Unterrichts (die evtl. an die jeweilige Klasse sowie die äußeren Bedingungen angepasst werden muss) sowie methodisch-didaktische Hinweise. Zudem ist dem Band aus diesem Grund eine **CD-ROM** beigelegt, auf der alle Materialien als Word-Dokumente enthalten sind, sodass sie – sei es aus inhaltlichen oder formalen Gründen – leicht geändert werden können.

e) Auch wenn die Bände inhaltlich ausgerichtet sind, so sind sie doch passend zu einem modernen **kompetenzorientierten Verständnis** von Lehren und Lernen, wie er in den vielen aktuellen Lehrplänen bzw. Richtlinien sowie im Perspektivrahmen Sachunterricht dargestellt ist. Kompetenzen sind nicht inhaltsfrei zu denken, und die Ausrichtung am eigenaktiven Forschen der Kinder gibt viele Möglichkeiten sowohl für verstehendes Lernen als auch für das Einüben von selbstständigen Lern- und Erarbeitungsprozessen.

f) Dabei ist plausibel, dass Lernzielkontrollen, in denen ausschließlich begriffliches Wissen abgefragt wird, nicht zu einem Unterricht passen, wie er in dieser Reihe unterstützt werden soll. Passender sind Formen der **Leistungserhebung**, bei denen z.B. verständnisorientierte Aufgaben, praktische Fähigkeiten oder die Fähigkeit, zu einer Frage ein passendes Verfahren zur Beantwortung zu finden, im Blickpunkt stehen. In den vorliegenden Bänden finden sich daher Anregungen in diesem Sinne.

Literatur:
Hartinger, A., Grygier, P., Ziegler, F. & Kullmann, H. (2012): Das Modellprojekt GribS – erste Befunde. In: Hellmich, F. & Förster, S. (Hrsg.). Bedingungen des Lehrens und Lernens in der Grundschule. Wiesbaden: VS-Verlag.

Das Thema im Unterricht

Die Hecke stellt einen wichtigen Bestandteil der Kulturlandschaft dar. Sie wird von Menschen, Tieren und Pflanzen gleichermaßen genutzt. Von Menschen wird sie gepflanzt und dient der Abgrenzung von Weiden und Feldern, sie ist Nahrungsquelle und Brennholzlieferant. Pflanzen und Tieren dient sie als Lebensraum, sie vermindert die Windgeschwindigkeit, sie festigt durch ihre Wurzeln den Boden, wodurch die Erosion gehemmt wird, und sie trägt zum Ausgleich des Wasserhaushalts bei. Sie ist also auch aus ökologischer Sicht sehr wertvoll.

Für Kinder bieten Hecken vielfältige Möglichkeiten, der Natur zu begegnen und dabei wichtige Kompetenzen zu erwerben. Hier sind vor allem das Kennenlernen der heimischen Natur sowie das Anbahnen einer umweltschützenden Haltung wichtige Lernziele. Die Hecke bietet dazu ein großes didaktisches Potenzial: Sie bildet ein „überschaubares" Ökosystem und ist häufig nicht weit von der Schule zu finden. Dadurch bildet sie eine gute Grundlage für erforschenden, naturnahen Unterricht, der die Schüler nach und nach dazu befähigen kann, ihre Umgebung differenziert wahrzunehmen.

Am Thema „Hecke" können vier große, ineinander stark verzahnte Bereiche unterschieden werden:

1. Die Pflanzen der Hecke nehmen einen großen Raum ein, da sie sich leicht betrachten und untersuchen lassen. So sollen die Schüler Sträucher unterscheiden und deren Blätter, Früchte und Blüten nach wissenschaftlichen Methoden untersuchen. Das Herbarisieren von Blütenpflanzen stellt eine wichtige wissenschaftliche Vorgehensweise dar, die die Schüler erproben können.

2. Die Tiere der Hecke hingegen lassen sich größtenteils nur anhand ihrer Spuren beobachten. Daher sind diese der Ausgangspunkt der Forscheraufgaben. Insbesondere die Vögel bieten die Möglichkeit, Anpassungen an das Heckenleben zu erkunden.

3. Um eine isolierte Behandlung zu vermeiden, werden die vielfältigen Beziehungen und Zusammenhänge im Ökosystem „Hecke" betrachtet. Diese ökosystemischen Faktoren und Beziehungen stellen die Grundlage einer gesunden Natur dar und finden sich in nahezu allen Lebensräumen wieder. Nahrungsbeziehungen und Verbreitungsarten zeigen die enge Verzahnung aller Bewohner, die allerdings auch zur Folge hat, dass Schutzmechanismen nötig werden, um das eigene Überleben zu sichern.

4. Diese Vielfalt an Leben lässt die Hecke als schützenswertes Ökosystem erkennbar werden, das auch Nutzen für den Menschen bringt.

Didaktisch-methodische Hinweise zu den Unterrichtseinheiten

2.1 Zentrale Unterrichtsmethoden

Bei der Erkundung der Hecke bietet es sich an, die einzelnen Inhalte über das ganze Schuljahr zu verteilen. So kann eine Verbindung zu den Jahreszeiten geschaffen werden. Folgender Ablauf wäre möglich und mit Blick auf den Lebenszyklus in der Hecke sinnvoll:

Jahreszeit	Themen und Unterrichtsgänge	
Herbst	Blätter (3.1.1) **Unterrichtsgang:** Sträucher (3.1.2) Früchte (3.1.3) Verbreitung (3.3.3)	Als Vertreter der Sträucher sollten die Arten gewählt werden, die an einer für Unterrichtsgänge günstig gelegenen Hecke wachsen. Im vorliegenden Band wurden häufig vorkommende Sträucher exemplarisch ausgewählt. Nachdem deren Blätter, die ein wesentliches Bestimmungsmerkmal darstellen, entsprechend der Fachbegriffe genau klassifiziert werden können, bietet sich ein Unterrichtsgang zur Hecke an. Dort sind ein erster Kontakt direkt in der Natur und eine namentliche Bestimmung der Sträucher möglich. Im Herbst (September bis Oktober) lassen sich Früchte an den Hecken finden, die die Grundlage für die nächste Unterrichtseinheit über die Fruchtarten bieten. Hier kann – je nach Wunsch der Lehrkraft – die Verbreitung von Früchten direkt angefügt werden.
Frühjahr	**Unterrichtsgang:** Blüten und krautige Pflanzen (3.1.4)	Bei einem erneuten Unterrichtsgang im Frühjahr können Veränderungen, über den jahreszeitlichen Verlauf hinweg, gut sichtbar gemacht werden. Da zu diesem Zeitpunkt Blüten und krautige Pflanzen im Heckensaum vorhanden sind, können die Kinder hier aktiv werden. Um eine Verbindung zur Frucht besser sichtbar werden zu lassen, bietet es sich an, Hagebutten aufzubewahren. Häufig findet man noch im Januar, teilweise sogar im Februar, diese Früchte an den Heckenrosen. Das Anlegen eines Herbariums lässt die Schüler wissenschaftliches Arbeiten nachempfinden.
	Unterrichtsgang: Tierspuren (3.2.1) Die Vögel (3.2.2)	Im Idealfall erfolgt wenig später ein erneuter Unterrichtsgang. Der Schwerpunkt liegt nun auf der Tierwelt, die nur in seltenen Fällen für eine Schulklasse direkt zu beobachten ist. Indirekt können die Tiere jedoch mithilfe der hinterlassenen Spuren nachgewiesen werden. Diese lassen erkennen, welche Vielzahl an Kleinlebewesen die Hecke als Lebensraum nutzen. Die Vögel als exemplarische Vertreter von Heckentieren bieten die Möglichkeit, Anpassungen an das Heckenleben zu erkunden. Wenn es nicht möglich ist, zwei Unterrichtsgänge im Frühjahr durchzuführen, dann können natürlich (z.B. in arbeitsteiligen Gruppen) die zwei Schwerpunkte „Blüten und krautige Pflanzen", bzw. „Tierspuren und Vögel" in einem Besuch an der Hecke miteinander verbunden werden.

Sommer	Nahrungsbeziehungen (3.3.1) Schutzeinrichtungen (3.3.2) Verbreitung (3.3.3) Lebensraum für Tiere und Pflanzen (3.4.1) Nutzen für den Menschen (3.4.2)	Nachdem Flora und Fauna nun weitgehend getrennt voneinander betrachtet wurden, ist es von immenser Bedeutung, dass nun die Verbindungen im Ökosystem Hecke behandelt werden. Nur so kann isoliertes Wissen vermieden werden und nur so gelangen die Schüler zum Verständnis von grundlegenden kausalen Zusammenhängen in der Natur. Nahrungsnetze verdeutlichen die vielfältigen Räuber-Beute-Beziehungen und machen die Wichtigkeit jedes Glieds sichtbar. Aus diesem Netz lässt sich eine weitere Verbindung ableiten, nämlich das Verbreiten von Pflanzensamen über die Tiere. Wird dieser Punkt nicht vorgezogen, so ist es von Vorteil, wenn die Lehrkraft schon im Herbst die entsprechenden Früchte gesammelt hätte, um diese für die Versuche zur Verfügung zu haben. Aus diesen engen Verbindungen innerhalb der Hecke resultiert natürlich auch der Bedarf nach Schutzmechanismen, die ein „Gefressenwerden" unwahrscheinlicher werden lassen. Diese Erkenntnisse zeigen den Schülern, wie umfangreich das Ökosystem Hecke ist und wie leicht es gefährdet werden kann. Den Schülern soll zum Abschluss noch einmal die Bedeutung der Hecke bewusst gemacht werden, die sich aus den vorher erforschten Erkenntnissen ableiten lässt. Der Nutzen für uns Menschen zeigt, dass die Hecke durchaus schützenswert ist und ein achtsames Handeln angebracht ist.

Sollte die Lehrkraft beschließen, die Hecke weniger aufwendig und als geschlossenes Thema behandeln zu wollen, bietet sich das **Frühjahr** dazu an. Die Früchte müssten dann allerdings im Herbst gesammelt und aufbewahrt werden.

Eine Langzeitbeobachtung über die Jahreszeiten hinweg fasst in der Forschermappe die Veränderungen explizit zusammen und kann von den Schülern selbst durchgeführt werden.

Unterrichtsgänge

Das Aufsuchen einer wild wachsenden Hecke ermöglicht das Erleben und Entdecken der Hecke auf vielfältige Art und Weise. Das Leben in der Hecke kann so außerdem direkt erfahren werden. Insgesamt wären vier Erkundungsgänge von Vorteil. Diese können aber auch auf einen reduziert werden, wenn die Unterrichtsgänge mit großem organisatorischem Aufwand verbunden sind. Zu empfehlen wäre in diesem Fall das Frühjahr als günstiger Zeitpunkt, da so die Sträucher bestimmt und die Blüten untersucht werden können. Auch Tierspuren lassen sich zu dieser Zeit reichlich finden.

Vorerkundung:
Die Lehrkraft sollte die Hecke alleine aufsuchen und die dort wachsenden Sträucher bestimmen. Dabei kann auch Material für das Klassenzimmer, wie Blätter und Früchte, gesammelt werden.

Untersuchung der Sträucher im Herbst:
Die Sträucher werden von den Schülern anhand der Blätter mithilfe von Heckenbüchern benannt und die Früchte für die spätere Untersuchung gesammelt (siehe 3.1.2).

Untersuchung der Sträucher im Frühjahr:
Die Schüler beobachten aufgetretene Veränderungen, wie das Vorhandensein von Blüten, die vor Ort betrachtet und gesammelt werden können, und das Wachsen von Wildkräutern im Saum der Hecke. Diese werden sachgemäß ausgegraben und für das Herbarium in Tüten mit ins Klassenzimmer genommen. Hier muss vorher abgeklärt

werden, ob eventuell naturgeschützte „Blumen" bei der Hecke wachsen. Diese werden mit einem Band gekennzeichnet, das den Schülern sagt, dass diese Pflanzen nicht verwendet werden dürfen (siehe 3.1.4).

Finden von Tierspuren im späten Frühjahr (oder zu einem anderen Zeitpunkt):
Tiere lassen sich mit Schülern nur selten direkt beobachten, jedoch verraten ihre Spuren, die im Mittelpunkt dieses Unterrichtsgangs stehen, ihre Anwesenheit. Die Kinder protokollieren die gefundenen Tierspuren, die im Klassenzimmer mithilfe von Medien genauer bestimmt werden (siehe 3.2.1).

Wichtig ist das richtige Verhalten an der Hecke: kein unnötiges Töten oder Erschrecken von Tieren, kein mutwilliges Zerstören von Pflanzen, kein Essen von Früchten, kein Liegenlassen von Müll …

Auch sollten die Schüler vor giftigen Pflanzen, wie dem Pfaffenhütchen, (Bilder siehe 3.1.3) gewarnt werden. Die Finger sollten daher während der Arbeit an der Hecke nicht in den Mund genommen und nach der Rückkehr zügig gewaschen werden – zu viel Panik bei den Schülern ist jedoch zu vermeiden.

Im Anschluss an jeden Unterrichtsgang könnten die Schüler eine **Ausstellung zur Hecke** gestalten. Als Ausstellungsfläche dienen Tische im Klassenzimmer oder in der Aula. Es sollte auch darauf geachtet werden, dass die Exponate von den Schülern selbst richtig beschriftet werden. Dazu bieten sich an: Warum wurden diese Pflanzen gesammelt? Wo wurden sie gefunden?

Pflanzen eines eigenen Strauchs

Eine gute Möglichkeit, das Thema zu vertiefen und die Lebenswelt selbst handelnd mitzugestalten, ist das Pflanzen eines eigenen Strauchs mit der Klasse. Diese Aktion kann am besten im Früh-Herbst durchgeführt werden. Die Temperaturen sind in dieser Jahreszeit nicht mehr ganz so hoch und es regnet öfter, das trägt dazu bei, dass die Pflanzen gut anwachsen können. Aber auch der Frühling ist geeignet zum Einpflanzen. Da es in dieser Jahreszeit aber bereits sehr warme Tage geben kann, muss man dann häufiger gießen. Als Strauch bietet sich die Brombeere an, da sie nicht viele Ansprüche an den Standort stellt und man schon nach zwei Jahren die erste Ernte einbringen kann.

Es gibt verschiedene Möglichkeiten, an Pflanzmaterial zu gelangen:

a) Beim Pflanzen eines Brombeerstrauchs können Stecklinge herangezogen werden. Dazu sollte man von den einjährigen Trieben, diese haben noch keine Früchte, Teilstücke (etwa 10 cm lang, mit 2–3 Knospen) abschneiden und in einen großen Topf mit Erde stecken. Um eine möglichst hohe Luftfeuchtigkeit zu erreichen, kann über den Topf eine durchsichtige Folie gespannt werden. Bis sich Wurzeln bilden, dauert es etwa vier bis fünf Wochen.

b) Ein aufwendiges Vorgehen stellt das Vermehren über die Samen dar. Hierzu müssen Brombeerfrüchte fünf Monate in Wasser eingeweicht werden. Das Planen muss also schon im vorherigen Schuljahr begonnen werden. Nach dieser Zeit lassen sich die Samen, die später in einen Topf mit Erde gesteckt werden, durch Rühren auslösen. Die besten Bedingungen erhält man, indem man den Topf kalt und dunkel hält. Er sollte auch gleichmäßig feucht gehalten werden. Sind die Samen gekeimt, muss die Temperatur und die Luftfeuchtigkeit erhöht werden. Am besten stellt man ihn in ein warmes Klassenzimmer und spannt eine Folie darüber. Ideal wäre natürlich ein Gewächshaus. Zum Einpflanzen in der Natur eignen sich die Pflanzen erst dann, wenn sie zwanzig cm groß sind.

Zunächst muss ein großes Loch gepflanzt werden, das mindestens doppelt so groß sein soll wie der Wurzelballen. Die ausgehobene Erde kann, gemischt mit reifem Kompost, wieder zum Befüllen nach dem Einpflanzen verwendet werden. Ist das Loch gegraben, sollte dessen Grund mit dem Spaten aufgelockert werden, dann kann die junge Pflanze hineingestellt werden. Von Vorteil ist es, wenn die Wurzeln vor dem Einsetzen kurz in Wasser getaucht werden. Abschließend wird die Erde um den neuen Strauch festgetreten und reichlich gegossen.

Anlegen eines Herbariums

Unter einem Herbarium vivum (kurz: Herbar) versteht man eine Sammlung von gepressten, durch Trockenheit konservierten Pflanzen, die nahezu unbegrenzt haltbar sind und als Belege sowie Vergleichsmaterial in der Zukunft zur Verfügung stehen. Dabei kann man fünf Teilschritte unterscheiden:

Das Sammeln:
Für den Transport steckt man die Pflanzen, die samt Wurzeln gesammelt werden, einzeln in Plastiktüten. Sollte der Transport längere Zeit dauern, können in die Tüte noch feuchte Tücher gegeben werden. Welke Pflanzen können im Klassenzimmer durch ein Wasserbad wieder aufgefrischt werden.

Das Bestimmen:
Das Bestimmen ist für die Schüler einfacher, wenn die Pflanze noch frisch ist. Hierzu eignen sich Bestimmungsbücher, aber auch Internetseiten. Eine kleine Auswahl an Büchern und Internetseiten finden sich im Literaturverzeichnis.

Das Pressen:
Zum Pressen werden die Pflanzen in Zeitungspapier gelegt und mit einem Gegenstand beschwert. Bücher sind als Presse eigentlich wenig geeignet, können aber (in Ermangelung schwerer Gegenstände) genommen werden, wenn eine genügend große Anzahl aufeinandergelegt werden. Auch der Bau von Pflanzenpressen (aus zwei Brettern, die mittels Schraubverschlüssen fest aufeinandergepresst werden können) im Werkunterricht wäre denkbar. Werden mehrere Pflanzen gleichzeitig gepresst, so sollte darauf geachtet werden, dass sich genug Zeitungspapier zwischen den einzelnen Pflanzen befindet. Das Papier muss alle ein bis zwei Tage getauscht werden, da es sonst zu feucht wird. Der Trocknungsvorgang dauert ein bis zwei Wochen.

Das Aufkleben:
Die Pflanzen werden auf ein etwas dickeres Papier (120 g/m²) aufgeklebt. Je nach Größe der Pflanze eignet sich ein Papier im Format DIN A4 oder DIN A3. Beim Kleben sollte darauf geachtet werden, dass keine Pflanzenteile überlappen. Bei einem wissenschaftlichen Herbar wird kein Tesafilm verwendet, da dieser nach einiger Zeit vergilbt und nicht mehr gut hält. Im Schulgebrauch kann er aus Gründen der Einfachheit jedoch bedenkenlos genutzt werden. Alternativ werden weiße Etiketten zu Streifen geschnitten und diese zum Befestigen verwendet.

Das Beschriften:
Das Beschriften gelingt am besten mit Etiketten, kann aber auch auf weißes Papier erfolgen, das dann von den Schülern auf den Bogen mit den Pflanzen geklebt wird. Es werden dabei folgende Angaben gemacht: Name der Pflanze, Familie der Pflanze, Datum des Fundes, Fundort, Standort (= Beschaffenheit des Gebietes, in welchem die Pflanze gesammelt wurde), Name des Sammlers bezeichnet mit leg., d.h. legit = hat gesammelt). Für den Schulgebrauch kann auf einzelne Beschriftungspunkte verzichtet werden.

Etikett zum Beschriften der Pflanzen:

Name der Pflanze:	
Datum des Fundes:	
Fundort:	
Name der Sammler:	

So presse ich Pflanzen richtig  INFOTEXT

Schritt 1:

Hole dir eine Zeitung und schlage sie auf. Lege die Pflanze so hinein, dass kaum Teile davon übereinanderliegen.

Schritt 2:

Klappe die Zeitung wieder zu und lege sie in die Presse.
Lege etwas Schweres darauf.

Schritt 3:

Lasse die Pflanze so einen Tag liegen. Nimm sie dann aus der Zeitung heraus, und lege sie in eine neue Zeitung. Presse sie, wie du es vorher gelernt hast.

Schritt 4:

Nimm nun alle zwei Tage deine Pflanze heraus, und lege sie in eine neue Zeitung, um sie wieder zu pressen. Nach 2 Wochen ist deine Pflanze fertig gepresst.

So lege ich ein Herbar an  INFOTEXT

Schritt 1:

Hole dir ein Papier in der passenden Größe. Lege die Pflanze so darauf, dass kaum Pflanzenteile übereinanderliegen.

Schritt 2:

Befestige die Pflanze mit den Klebestreifen auf dem Papier.

Schritt 3:

Hole dir ein Etikett. Fülle es aus, und klebe es auf.

2.2 Zum Umgang mit den Materialien

Die Themen dieses Buchs sind in vier große Bereiche unterteilt. Jeder enthält mehrere Einheiten. Diese sind jeweils wie folgt gegliedert:

Der fachliche Hintergrund gibt einen kurzen wissenschaftlichen Überblick über das zugrunde liegende Thema der Einheit. Er ist meist knapp gehalten und kann bei Interesse in den hinten angegebenen wissenschaftlichen Büchern vertieft werden.

Darauf folgt eine kurze Skizze des möglichen Unterrichtsverlaufs, der der Lehrkraft als Anhaltspunkt dienen kann und an die entsprechenden situativen Gegebenheiten angepasst werden soll. Dementsprechend können auch die Kopiervorlagen auf der CD abgeändert werden. Didaktisch-methodische Hinweise bieten zusätzliche Alternativen und Hinweise zum Unterricht. Die Kompetenzen, die die Schüler in dieser Einheit erwerben und festigen können, sind abschließend nochmals kurz zusammengefasst. Die Formulierung der Kompetenzen orientiert sich dabei an dem neuen Perspektivrahmen der Gesellschaft für Didaktik des Sachunterrichts (GDSU 2013).

Die Forscheraufgaben sind für unterschiedliche Sozialformen geeignet (Partnerarbeit oder Gruppenarbeit). Dabei steht die selbstständige Auseinandersetzung der Schüler mit der jeweiligen Thematik im Vordergrund, wobei auch genügend Raum für den sozialen Austausch gewährt werden soll. Bei komplexeren Forscheraufträgen sind Hilfekarten vorhanden, die an einen bestimmten Platz im Klassenzimmer gelegt werden und von den Schülern bei Bedarf herangezogen werden können. Die angebotenen Übungen können vom Schüler, je nach Leistungsstand, individuell ausgestaltet werden. Zusätzlich bietet die Nutzung von Medien, wie Sachbüchern oder dem Internet, immer die Möglichkeit, die einzelnen Themen und Aufgaben weiter zu vertiefen.

Die Protokollierung kann je nach Vorerfahrungen und Stärken der Schüler frei erfolgen. Als zusätzliche Möglichkeiten für die Sicherung der Ergebnisse bieten sich Steckbriefe oder Plakate an. Als Anregung sind zum Teil vorgegebene Strukturen enthalten, die als Hilfestellung genutzt werden können.

Zur Veranschaulichung und Zusammenfassung dieser Ergebnisse dienen die vorhandenen Informationstexte, die gerade für lernschwache Schüler eine wichtige Unterstützung im Erkenntnisprozess darstellen.

Das gesamte Material, das im Unterricht erstellt, gesammelt oder protokolliert wird, wird in der Forschermappe abgeheftet. Auch die Informationstexte finden hier Platz. Damit die Schüler sich weiterentwickeln können, ist eine entsprechende Rückmeldung von großer Bedeutung. Es wäre wünschenswert, dass die Lehrkraft die Forschermappe in regelmäßigen Abständen mit dem Schüler zusammen durchschaut, um Lob oder Verbesserungsvorschläge anzubringen. Am Ende des Schuljahres, wenn der Schüler seine Mappe als fertig erachtet, gibt er sie der Lehrkraft. Diese geht die Mappe durch und gibt dem Verfasser ein Blatt mit Verbesserungsvorschlägen an die Hand, das ihm ermöglicht seine Mappe nochmals zu überarbeiten. Ist auch diese Überarbeitung erfolgt, fertig die Lehrkraft eine abschließende Bemerkung an, die gerade positive Aspekte und vor allem erfolgreiche Verbesserungen in den Mittelpunkt rücken sollte. Diese Forschermappe kann auch als Grundlage für eine Bewertung dienen, wenn die Kriterien dafür vorab mit den Schülern geklärt worden sind.

2.3 Möglichkeiten der Fächerverbindung

Die Thematik bietet interessante *fächerverbindende Inhalte*. Im *Deutschunterricht* ist eine Einheit zum Thema „Geschichten und Gedichte zur Hecke" denkbar, die das Freie Schreiben sowie verschiedene Gedichtformen wie „Elfchen" oder „Haiku", in den Mittelpunkt des Lernens stellt. Der *Kunstunterricht* bietet Raum für die gestalterische Auseinandersetzung mit dem Thema „Hecke", indem man den Schülern die Möglichkeit gibt, die Tiere und Pflanzen der Hecke in verschiedenen Techniken zu zeichnen und die Kunstwerke später auszustellen. Darüber hinaus bietet es sich an, mit den Blättern und Früchten der Hecke Kunstwerke im Stil der Landart-Technik zu gestalten. Die Holunderäste eignen sich zur Erstellung von kleinen Flöten und Kugelschreibern im Werkunterricht. Mit den nicht-giftigen Pflanzen der Hecke, z.B. mit Holunder, kann man im fächerübergreifenden Unterricht leckeres Holundersirup und Holunderküchlein herstellen. Das Themenheft und die Kopiervorlagen sind als Vorschläge für den Unterricht zu sehen. Die Reihenfolge der Inhalte ist durchdacht und teilweise aufeinander aufbauend. Themenaspekte können aber dennoch je nach Interesse, Vorerfahrung, Lernen und Motivation der Schüler ausgedehnt oder gekürzt werden.

Unterrichtseinheiten

3.1 Die Pflanzen der Hecke

3.1.1 Die Blätter

FACHLICHER HINTERGRUND

Das Blatt stellt ein Grundorgan des Pflanzenkörpers dar. Die Gestalt des Blattes ist genetisch festgelegt und somit artspezifisch. Jedoch gibt es in Abhängigkeit von den jeweiligen Umweltbedingungen, in der sich eine bestimmte Pflanze befindet, auch leichte Abwandlungen der arttypischen Form.

Blätter unterscheiden sich sowohl bezüglich der äußeren und inneren Gestaltung sowie durch ihre Stellung an der Sprossachse. Bei den Sträuchern soll in dieser Unterrichtseinheit der Schwerpunkt vor allem auf die äußere Gestaltung gelegt werden. Hier werden zwei Bereiche näher betrachtet: Zum einen der Blattrand, zum anderen die Blattspreite (Blattform).

Beim Blattrand werden folgende Hauptarten unterschieden:

1. ganzrandig: keine Einschnitte, völlig glatt
2. gesägt: spitzen Sägezähne stoßen im spitzen Winkel zusammen
3. gezähnt: spitze Vorsprünge, Einschnitte abgerundet
4. gekerbt: abgerundete Vorsprünge stoßen im spitzen Winkel zusammen
5. gebuchtet: Vorsprünge und Einschnitte abgerundet

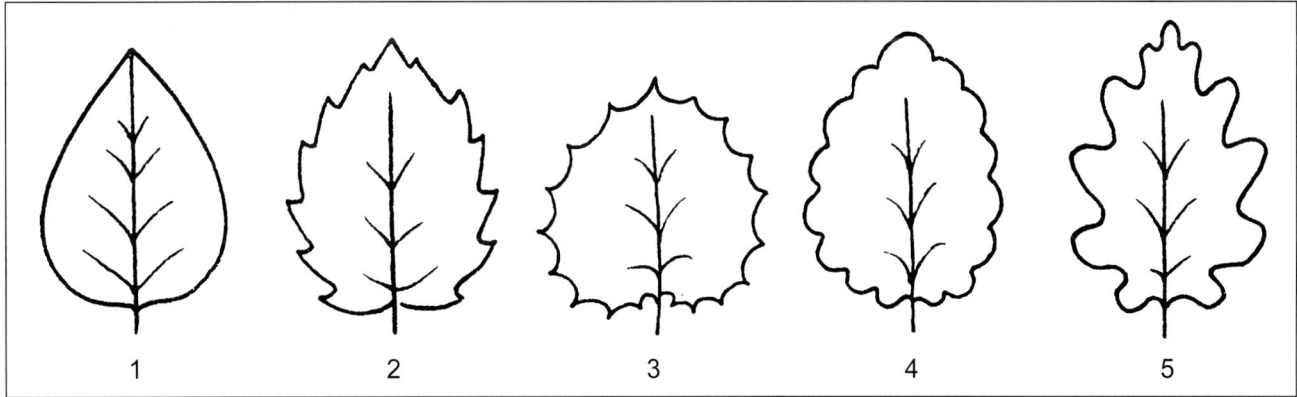

Zur besseren Unterscheidung zwischen gezähntem und gekerbtem Rand hier zwei Nahaufnahmen:

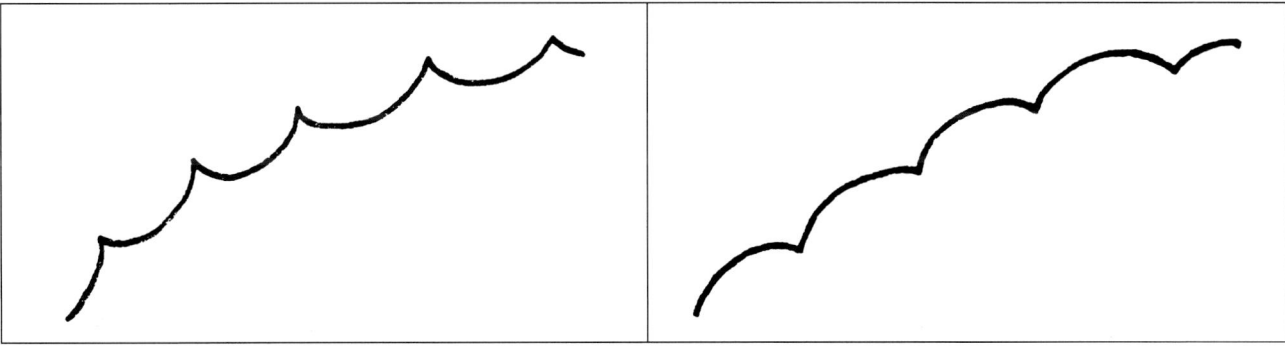

Bei der Blattspreite werden folgende Hauptarten unterschieden:

a) Einfache Blätter

1. nadelförmig (bei Nadelhölzern)
2. lanzettlich
3. eiförmig
4. nierenförmig
5. herzförmig
6. gelappt (handförmig)

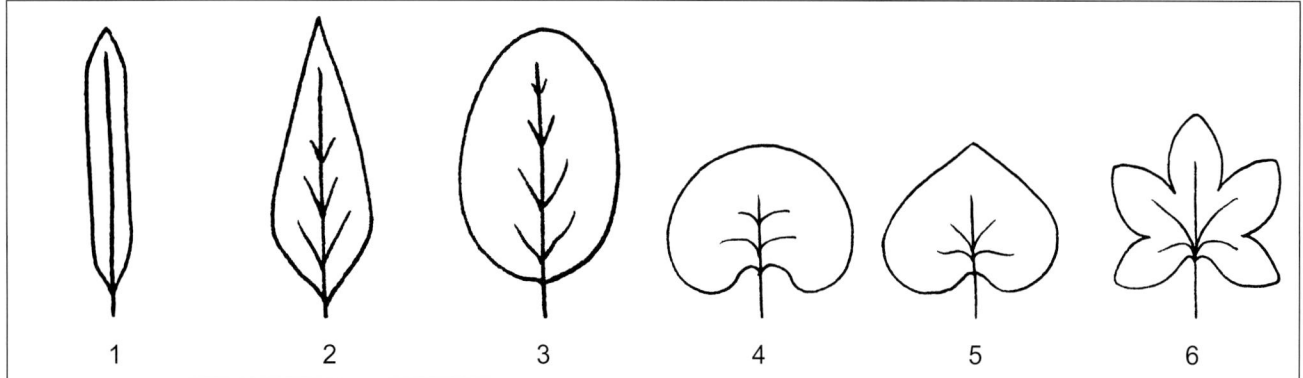

b) Zusammengesetzte Blätter

1. gefiedert: mehrere selbstständige, voneinander getrennte Fiedern (Blättchen)
   a) unpaarig gefiedert: mehrere Paare von Fiedern und eine Endfieder
   b) paarig gefiedert: keine Endfieder
2. gefingert: alle Fiedern strahlen von einem Punkt aus

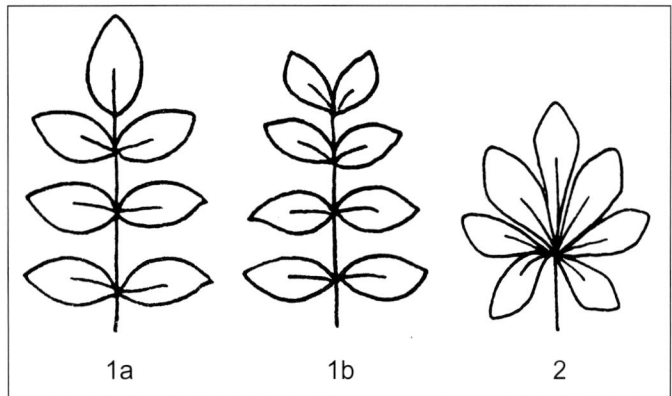

UNTERRICHTLICHER VERLAUF

Am Anfang der Stunde steht das selbstständige Finden von Ordnungskriterien. Dazu eignet sich ein Berg an Blättern, in den die Schüler selbstständig eine Ordnung bringen sollen (siehe Forscherauftrag 1). Um den wissenschaftlichen Weg der Begriffsfindung besser nachvollziehbar werden zu lassen, ist es wichtig, dass die Schüler zuerst selbst eigene Ordnungskriterien finden, die auf einem gesonderten Protokollblatt (leeres kariertes Blatt) notiert werden. Im Anschluss daran besprechen sich immer zwei Schüler miteinander, wobei Gemeinsamkeiten und Unterschiede herausgearbeitet werden. Bereits nach dieser Aufgabenstellung werden im Plenum die gefundenen Kriterien und Begründungen für das entsprechende Vorgehen vorgestellt.

Hier haben die Schüler sicherlich auch artunspezifische Merkmale, wie Farbe oder Größe, gewählt. Eine Wertung sollte allerdings nicht erfolgen. Im Anschluss folgt eine Aufgabe, die die Schüler zu einer wissenschaftlicheren Ordnung kommen lässt – nämlich das Zusammenordnen von den Blättern, die zusammen an einem Strauch oder Baum gewachsen sein könnten (siehe Forscherauftrag 2). Wichtig ist es hier, gerade Unklarheiten und Unsicherheiten der Schüler bewusst zu thematisieren und für den Lernprozess zu nutzen, da so der Blick für Ähnlichkeiten und Verwechslungsmöglichkeiten geschärft wird. Nach der Besprechung der zweiten Aufgabenstellung erfolgt eine kurze Erklärung, über die Bedeutung von einheitlichen Begriffen in der Wissenschaft. Die Begriffe der Schüler sollen als klare Alternativen dargestellt und aufgewertet werden, jedoch gilt es hervorzuheben, dass in der Botanik Fachausdrücke einheitlich verwendet werden müssen, um Missverständnisse zu vermeiden. Mit diesen Begriffen wird dann in Forscherauftrag 3 weitergearbeitet. Die Schüler ordnen nun den Blättern die passenden Wortkarten zu. Die Sicherung kann mithilfe des Overheadprojektors erfolgen. Die Lehrkraft legt ein Blatt darauf und die Schüler ordnen diesem die passenden Wortkarten zu. Zur Veranschaulichung und zur Zusammenfassung kann die Informationsseite verwendet werden. Da die Schüler nun die Blätter genau untersucht haben, werden diese in einem darauf folgenden Unterrichtsgang den passenden Sträuchern zugeordnet.

DIDAKTISCH-METHODISCHE HINWEISE

Beim Zusammenstellen der Blätter sind folgende Kriterien zu beachten: Die Blätter sollten sich nach Form und Blattrand gut unterscheiden lassen und den aufgeführten Hauptarten entsprechen. Um eine Verbindung zur nächsten Einheit zu erreichen, wäre es von Vorteil, dass die Lehrkraft bereits vorher die Hecke aufsucht, die auch Ziel des Unterrichtsgangs werden soll, um Blätter von dort wachsenden Sträuchern zu wählen. Es ist darauf zu achten, dass die drei Forscheraufträge nicht gleichzeitig an die Schüler ausgegeben werden, sondern getrennt voneinander, da die Schüler sonst bereits vorher den nächsten Auftrag lesen und so das selbstständige Finden einer Ordnung nicht vollzogen werden kann. Aus der Erfahrung heraus stellen die Schüler häufig Fragen, warum die Blätter ihre Farbe verändern. Je nach Wunsch der Lehrkraft kann man entweder kurz darauf eingehen (Der grüne Farbstoff arbeitet besser bei starkem Sonnenlicht. Bei schwachem Licht ist die Wirkung von roten Farbstoffen besser. Daher baut die Pflanze im Herbst den grünen Farbstoff ab und es kommen Rottöne zum Vorschein.) oder eine zusätzliche Stunde einbauen.

UNTERSTÜTZTE KOMPETENZEN:

- Die Schüler können Untersuchungen sachorientiert durchführen (hier: Betrachten von Blatträndern und Blattformen).

- Die Schüler können Beobachtungen miteinander vergleichen und dabei zunehmend sachbezogene Merkmale benutzen (hier: Beobachtungen zu den Blättern vergleichen und die entsprechenden wissenschaftlichen Merkmale beim Beschreiben benutzen).

- Die Schüler können Materialien und Gegenstände nach ausgewählten Eigenschaften klassifizieren und ordnen (hier: Blätter entsprechend ihrer Form und ihres Randes).

Wir ordnen Blätter  FORSCHERAUFTRAG 1

Hier siehst du einen Berg aus unterschiedlichen Blättern. Versuche, die Blätter zu ordnen. Schreibe zu jeder Blätter-Gruppe, die du sortiert hast, eine mögliche Überschrift auf.

Vergleiche mit deinem Partner. Wie hat er geordnet? Findet ihr Gemeinsamkeiten und Unterschiede?

⇒ Schreibe auf, wie du vorgegangen bist.

Wir ordnen Blätter  FORSCHERAUFTRAG 2

Ordne nun die Blätter zusammen, von denen du denkst, dass sie gemeinsam an einem Strauch wachsen. Worauf hast du beim Ordnen geachtet? Beschreibe die einzelnen Gruppen von Blättern.

⇒ Schreibe für jede Gruppe zwei Wörter auf, die die Blätter am besten beschreiben.

Wie kannst du Blätter ordnen?  HILFEKARTE

Schau dir beim Ordnen der Blätter genau deren Form und deren Rand an.

Wir ordnen Blätter

INFOTEXT

1. Schau dir den **Blattrand** genau an.

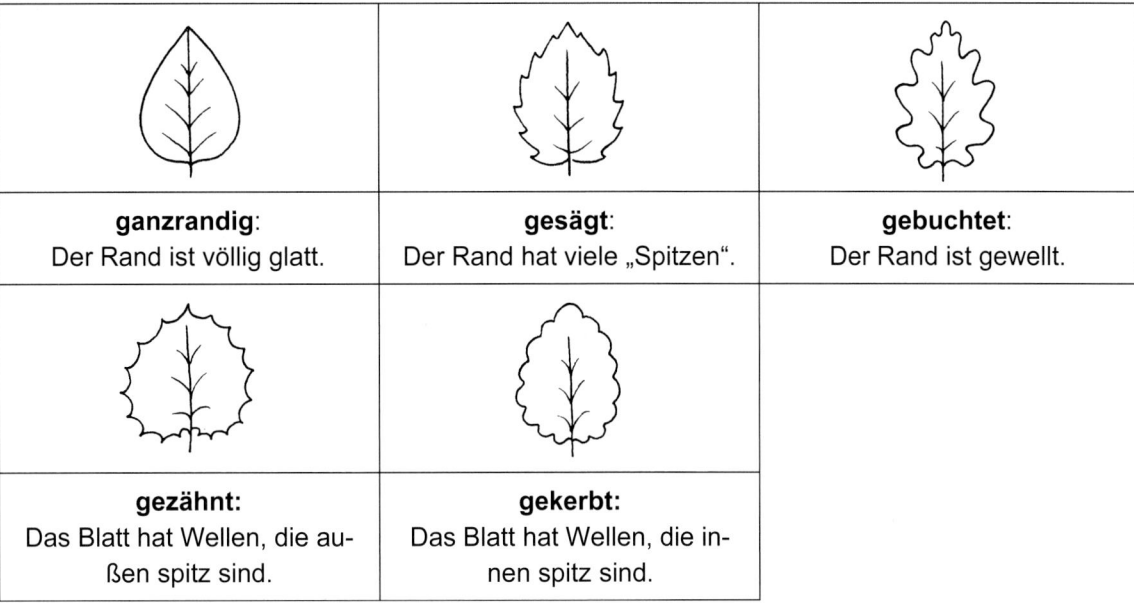

2. Schau dir die **Blattform** genau an.

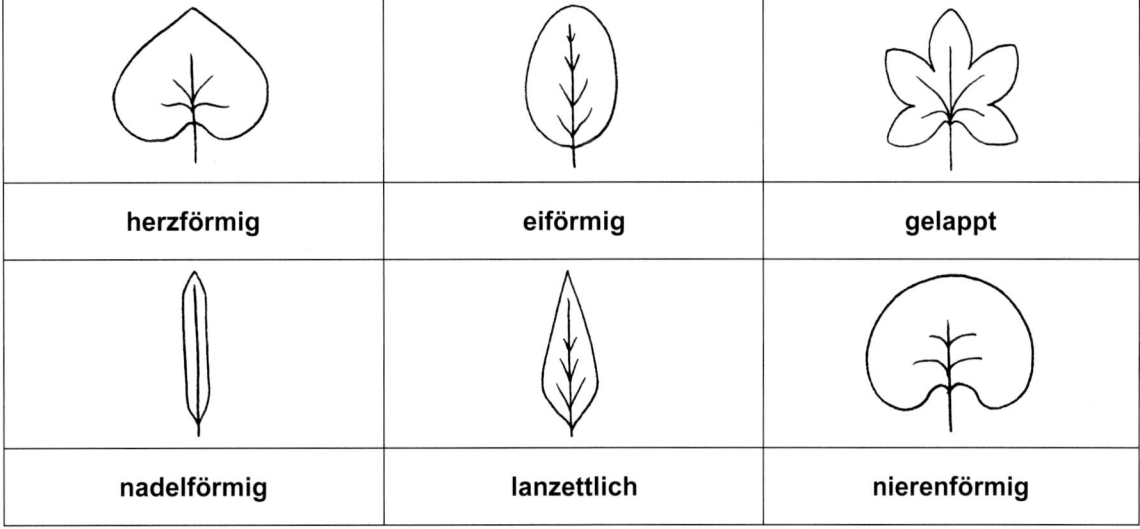

Das Blatt besteht aus kleinen Teilblättern, die Fiedern genannt werden.

3.1.2 Die Sträucher

SACHUNTERRICHT

FACHLICHER HINTERGRUND

Hecken sind linear strukturierte Strauchgesellschaften. Dabei unterscheidet man Feldhecken, die spontan aufgewachsen sind und meist an streifenförmigen Standorten vorkommen, von Wallhecken, die zum Beispiel als Windschutzstreifen planmäßig angelegt wurden. Für diese Unterrichtseinheit wurden häufig vorkommende Sträucher ausgewählt: Hartriegel, Heckenrose, Eberesche, Holunder, Brombeere und Hasel. Allerdings reicht der Platz nicht aus, alle heimischen Vertreter genauer zu behandeln. Genauere Informationen zu weiteren Sträuchern finden sich in den auf Seite 72 angegebenen Literaturhinweisen.

Der **Hartriegel** (in Mitteleuropa vor allem der Rote Hartriegel) wird etwa drei bis vier Meter hoch. Sein Holz ist schwer spaltbar  und das Kernholz von rötlicher Farbe. Ältere Stämme zeigen eine Schuppenborke. Der Strauch besitzt eiförmige, ganzrandige Blätter. Sehr charakteristisch sind die zur Blattspitze hin gebogenen Blattadern. Der Hartriegel bildet ab September kugelige, glatte Steinfrüchte, die von schwarzblauer Farbe sind und durch Vögel verbreitet werden. Die Früchte stehen in endständigen Schirmrispen am Strauch. (Eine Rispe ist eine Traube mit verzweigten Seitenästen. Bei einer Schirmrispe sind alle Blüten in einer Ebenen angeordnet.) Die Steinfrüchte sind roh zwar ungenießbar, jedoch nicht giftig und dienen zur Herstellung von Säften und Marmeladen, da sie einen hohen Vitamin-C-Gehalt besitzen.

Die **Heckenrose** ist die häufigste wild wachsende Rosenart in Mitteleuropa. Sie erreicht eine Höhe 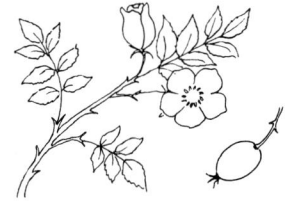 von zwei bis drei Metern. Am Stamm, den Ästen und den Zweigen finden sich Stacheln (= zugespitzer Vorsprung der Sprossachse), die als Fraßschutz und Kletterhilfe dienen. Die Blätter der Heckenrose sind unpaarig gefiedert. Die fünf bis sieben Fiedern sind eiförmig (mit einer deutlichen Spitze) und haben einen gesägten Rand. Die Früchte, deren Reife etwa im Oktober bis November erfolgt, werden Hagebutten genannt und sind bezüglich ihrer Form von Art zu Art sehr variabel. Es handelt sich dabei um (meist orange bis rote) Sammelfrüchte mit vielen, harten Nüsschen, die Härchen mit Widerhaken besitzen und bei Hautkontakt Juckreiz hervorrufen können. Auch Hagebutten enthalten Vitamin C und werden deshalb zur Herstellung von Tee, Wein und Marmelade benutzt. Verwendet wird die Heckenrose zur Befestigung von Hängen und zur Wiederbegrünung von Sandgruben.

Die **Eberesche** ist in ganz Mitteleuropa verbreitet und auch unter dem Namen „Vogelbeere" bekannt. Meist kommt sie als  mehrstämmiger Strauch vor, zum Teil aber auch als bis zu zehn Meter hoher Baum. Ihre Rinde ist glatt mit Längsrissen und besitzt eine graue bis schwarze Farbe. Die Blätter sind unpaarig gefiedert, die Anzahl der Fiedern ist dabei sehr variabel (9–17). Ihre Form ist länglich-oval und ihr Blattrand gezähnt. Zerreibt man die Blätter, duften sie nach Bittermandel. Die leuchtend roten und kugelförmigen Früchte werden in der Umgangssprache „Beeren" genannt, sind aber im botanischen Sinne Apfelfrüchte, die drei

Samen enthalten. Die im September und Oktober reifen Früchte werden durch Vögel ausgebreitet. Im rohen Zustand gegessen, wirken die Früchte abführend, sind jedoch nicht giftig. Aus der Eberesche wird Marmelade gekocht und Sirup hergestellt.

Drei **Holunderarten** sind in Mitteleuropa heimisch, von denen der **Schwarze Holunder** am weitesten verbreitet ist. Dieser  erreicht eine Höhe von einem bis elf Meter und besitzt eine graubraune Rinde, die mit Korkporen (hellere Erhebungen mit weißem Mark) übersät ist. Seine Blätter sind unpaarig gefiedert und bestehen aus fünf bis sieben länglichen Fiedern, die einen gesägten Rand besitzen. Zerreibt man sie, so duftet das Blatt wie die Blüte. Im August und September trägt er Steinfrüchte, die anfangs rot sind und dann schwarz werden. Sie sind ungefähr sechs Millimeter groß und sehr reich an Vitamin C. Nach dem Abkochen oder Vergären sind die Früchte, die von Vögeln verbreitet werden, essbar. Daraus wird Holundersaft, Tee und Marmelade hergestellt. Das Öl des Holunderstrauchs wird in der Pharmazie und in der Kosmetikbranche eingesetzt.

Die **Brombeere** ist in den gemäßigten Zonen zu Hause. Sie ist eine Kletterpflanze und wird bis zu drei  Meter hoch. Die Rinde enthält Stacheln, die als Kletterhilfe und Fraßschutz dienen. Die Blätter sind unpaarig gefiedert (drei bis sieben Fiedern) und besitzen einen gezähnten Blattrand. Erst im zweiten Jahr befinden sich zwischen Juni und August an den Enden von speziell ausgebildeten Seitentrieben Blütenstände mit weißen Blüten. Nachdem die Frucht reif ist, sterben die Triebe ab. Die blauschwarzen Früchte werden nur in der Umgangssprache als Beeren bezeichnet. Im botanischen Sinne sind sie Sammelsteinfrüchte, die im September und Oktober geerntet werden können. Sie enthalten viele Vitamine und sind gut bei Fieber und Erkältungen. Verwendet werden sie als Beilage in Torten sowie für die Zubereitung von Marmelade und Saft.

Die **Hasel** wächst bevorzugt an Waldrändern als Strauch oder auch als kleiner Baum und wird bis zu 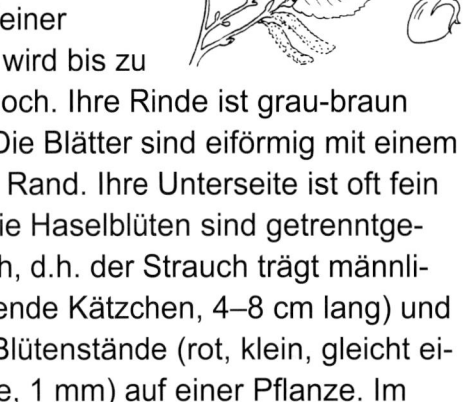 10 Meter hoch. Ihre Rinde ist grau-braun und glatt. Die Blätter sind eiförmig mit einem gezähnten Rand. Ihre Unterseite ist oft fein behaart. Die Haselblüten sind getrenntgeschlechtlich, d.h. der Strauch trägt männliche (hängende Kätzchen, 4–8 cm lang) und weibliche Blütenstände (rot, klein, gleicht einer Knospe, 1 mm) auf einer Pflanze. Im September bis Oktober reift die Haselnuss heran, die unter anderem durch das Eichhörnchen verbreitet wird. Die Frucht ist nicht giftig und roh essbar. Sie besitzt hohen gesundheitlichen Wert, da sie viele Eiweiße, Kalzium und Vitamine enthält.

UNTERRICHTLICHER VERLAUF

 In dieser Unterrichtseinheit empfiehlt sich das Aufsuchen einer schulnahen Hecke (siehe 2.3). In Anknüpfung an die vorherige Stunde werden dort die Blattformen und -ränder wiederholt. Jede Gruppe erhält nun eines der untersuchten Blätter, mit dem Auftrag, den Strauch, an dem dieses Blatt wächst, zu finden. Wurde die Aufgabe gelöst, machen die Schüler Fotos von ihrem Strauch. Der Name des Strauches kann mithilfe eines Heckenbuchs (siehe Literaturhinweise) herausgefunden werden. Im Anschluss daran wird aufgrund

einer eingehenden Untersuchung ein Steckbrief oder alternativ ein Plakat erstellt, dies kann, je nach Situation, an der Hecke oder nach umfangreicher Dokumentation vor Ort auch im Klassenzimmer erfolgen. Die Ergebnisse werden dann der Klasse vorgestellt. Auch hier können nochmals Gemeinsamkeiten und Unterschiede herausgearbeitet und besprochen werden.

DIDAKTISCH-METHODISCHE HINWEISE

Vor dem Aufsuchen der Hecke sollten die Schüler vor giftigen Früchten, vor allem vor denen des Pfaffenhütchens, gewarnt werden. Die Hände sollten während der Arbeit an der Hecke nicht mit dem Mund in Berührung kommen. Bei Rückkehr wäre das Waschen der Hände zu empfehlen, um jedes weitere Risiko zu vermeiden. So lernen die Kinder den Umgang mit unbekannten Früchten, wobei von den meisten Sträuchern kaum eine wirkliche Gefahr ausgeht. Wichtig ist es eine Balance bei den Schülern zu finden zwischen Vorsicht und natürlicher Neugier, die nicht aufgrund einer ängstlichen Grundhaltung verloren gehen darf (vergleiche dazu auch 2.3).

Sollte aus organisatorischen Gründen keine Hecke aufgesucht werden können, kann als Ausgangspunkt alternativ eine Vase mit Ästen der Sträucher als stummer Impuls verwendet werden, der die Schüler zum freien Gespräch anregt und schon erstes Vorwissen aktiviert.

Das Erstellen des Steckbriefs oder des Plakats erfolgt im Ermessen der Schüler und wird sicher durch deren Interessen und Schwerpunkte geprägt sein. Sollte eine Gruppe mit dem Finden einer passenden Struktur Mühe haben, so kann dieser der vorgefertigte, leere Steckbrief an die Hand gegeben werden. Für den Prozess des Untersuchens stehen Hilfekarten zur Verfügung.

UNTERSTÜTZTE KOMPETENZEN:

- Die Schüler können geeignete Informationsquellen auswählen und sachgemäß nutzen, um Fragen zu klären (hier: Heckenbücher und Internet nutzen, um Hecken zu benennen und Informationen darüber zu erhalten).

- Die Schüler können Systeme in der Natur exemplarisch erkennen (hier: Lebensraum Hecke).

- Die Schüler können anderen einen Sachverhalt unter Nutzung und Anwendung der gefundenen Erkenntnisse erklären und sich dabei sprachlich verständlich und angemessen äußern (hier: Präsentation der Ergebnisse zu ihrem untersuchten Strauch).

- Die Schüler können sinnliche Wahrnehmungen und Betrachtungen fixieren und eindeutig darstellen (hier: Steckbrief über den Strauch erstellen).

Wir untersuchen die Sträucher  FORSCHERAUFTRAG

1. Sucht den Strauch, an dem das Blatt wächst.
2. Schaut ihn euch genau an. Macht ein Foto davon.
3. Findet ihr seinen Namen mithilfe des Heckenbuchs heraus?
4. Untersucht euren Strauch: Blätter, Rinde, Früchte …
5. Was fällt euch besonders auf?
6. Erstellt einen Steckbrief zu eurem Strauch.

🔍 Sucht in Büchern oder dem Internet nach Informationen.

Erstellen eines Steckbriefs  HILFEKARTE

a) Schaut euch die Äste der Reihe nach an. Was fällt euch auf?

b) Achtet auf den Blattrand und die Blattform. Schaut euch auch die Blattadern an.

c) Beschreibt die Rinde mit passenden Wiewörtern (Adjektiven): Wie fühlt sie sich an? Wie sieht sie aus? Welche Farbe hat sie?

d) Wie sehen die Früchte aus? Wie fühlen sie sich an? Welche Farbe und Form haben sie?

Vorschlag für einen Steckbrief

Name des Strauchs:

Die Blätter

Zeichne das Blatt auf.	Klebe ein gepresstes Blatt auf.

Blattform: Das Blatt ist _____

Blattrand: Der Rand ist _____

Die Rinde

Fertige einen Abdruck der Rinde an.

Beschreibung der Rinde:

_____

_____

_____

Vorschlag für einen Steckbrief

Die Früchte

Zeichne die Frucht auf oder klebe ein Foto ein.

Beschreibung der Frucht:

_____

_____

_____

Besonderheiten:

_____

_____

_____

_____

_____

_____

_____

3.1.3 Die Früchte

SACHUNTERRICHT

FACHLICHER HINTERGRUND

Im botanischen Sinne ist die Frucht nichts anderes als die Blüte im Zustand der Samenreife. Dabei entwickelt sich der Fruchtknoten der Blüte zur Frucht, die den Samen schützt und zu seiner Verbreitung beiträgt. Dabei werden die Samen entweder ausgestreut oder die gesamte Frucht wird von der Pflanze abgetrennt. Nach der Bestäubung der Blüte bewirken hormonelle Veränderungen ein enormes Wachstum des Fruchtknotens, dessen Wand sich verdickt und zur Fruchtwand (Perikarp) wird.

Früchte lassen sich in unterschiedliche Fruchttypen einteilen: Eine Einzelfrucht stammt von einem einzigen Fruchtknoten ab, eine Sammelfrucht hingegen resultiert aus einer Blüte mit mehreren separaten Fruchtknoten (Bilder siehe Informationstext).

Unterschieden wird bei den Einzelfrüchten zwischen:

a) **Beeren:** Die Frucht ist komplett fleischig, die Samen liegen im Inneren.
   Beispiele: Johannisbeere, Weintraube, Banane, Blaubeere

b) **Steinfrüchte:** Die Haut und das Fruchtfleisch sind fleischig, der Kern in der Mitte ist hart.
   Beispiele: Kirsche, Pfirsich, Aprikose, Zwetschge, Pflaume

c) **Nussfrüchte:** Die äußerste Schicht bildet eine harte Schale aus.
   Beispiele: Eichel, Haselnuss

Diese Fruchtformen kommen als Sammelfrüchte vor:

a) **Sammelsteinfrüchte:** Eine Ansammlung von Steinfrüchten auf einer nicht oder kaum fleischigen Achse.
   Beispiele: Brombeere, Himbeere

b) **Sammelnussfrüchte:** Eine Ansammlung von Nüsschen auf einer fleischigen Achse.
   Beispiel: Erdbeere

c) **Sammelbalgfrüchte:** Die Frucht enthält mehrere Einzelsamen, die von einer trockenen Fruchtwand umgeben sind. Der Balg liegt frei auf der Achse.
   Beispiele: Pfingstrosen, Magnolien

d) **Apfelfrüchte:** Die Blütenachse wächst zu einem fleischigen Gewebe heran, in dessen Inneren die balgähnlichen Fruchtblätter ein Kerngehäuse ausbilden.
   Beispiele: Apfel, Birne, Vogelbeere

Nun zu den Früchten der für diese Unterrichtseinheit ausgewählten Sträucher:

a) **Heckenrose mit Hagebutten:** Die Hagebutte ist eine Sammelnussfrucht, bei der das Fruchtfleisch aus dem Blütenboden entsteht. Die eigentlichen Früchte sind also die Nüsschen im Inneren, die auch die Samen enthalten. Die Früchte sind roh kaum genießbar, gekocht werden sie vielfältig eingesetzt.

b) **Holunder:** Der Holunderstrauch besitzt schwarzviolette glänzende Steinfrüchte, die in der Umgangssprache oft als „Beeren" bezeichnet werden. Roh führen die Früchte wegen des Inhaltsstoffs Sambunigrin zu leichtem Durchfall, beim Kochen zerfällt dieser Stoff allerdings und sie werden genießbar.

c) **Brombeere:** Auch die Brombeeren sind im botanischen Sinne keine Beeren, sondern Sammelsteinfrüchte. Jede „Kugel" ist eine einzelne Steinfrucht, die im Inneren einen harten Samen besitzt. Die Früchte sind auch roh wohlschmeckend.

d) **Hartriegel:** Die Früchte sind kugelige Steinfrüchte, die ungiftig sind. Gekocht werden sie weiterverarbeitet.

e) **Eberesche:** Die Früchte sind rot-orange und gehören zu den Apfelfrüchten, die in der Regel drei Samen enthalten. Da die

Früchte einen hohen Gehalt an Parasorbinsäure besitzen, wirken sie roh abführend. Gekocht lassen sie sich aber gut weiterverarbeiten.

f) **Hasel:** Die Haselnuss ist, wie ihr Name sagt, eine Nuss. Sie besitzt außen eine harte Schale und innen einen essbaren Kern.

Folgende einheimische Heckenfrüchte gelten aufgrund ihres höheren Giftgehalts als gefährlich: Pfaffenhütchen, Liguster, Heckenkirsche, Schneeball, Goldregen, Tollkirsche.

UNTERRICHTLICHER VERLAUF

Der Einstieg könnte über das Darbieten der Früchte erfolgen, die, nach den bisherigen Stunden, von den Schülern schon den richtigen Sträuchern zugeordnet werden können. Die Schüler sollen im Anschluss daran, mithilfe der Forscheraufträge, die einzelnen Früchte untersuchen, wobei Gemeinsamkeiten und Unterschiede herausgearbeitet werden sollen. Die Ergebnisse können auf Plakaten festgehalten oder einfach nur im Plenum besprochen werden. Für Schüler oder Gruppen, die nicht genau wissen, wie sie vorgehen könnten, liegen Hilfekarten zu jeder Heckenfrucht im Klassenzimmer aus. Auch zur Gestaltung des Plakats können sich die Schüler eine Hilfekarte holen. Um auf die Gefahr beim Verzehr unbekannter Früchte hinzuweisen, kann die Lehrkraft das Pfaffenhütchen verwenden, das trotz seines einladenden Aussehens stark giftig ist. Die Früchte sollten allerdings nicht in Kinderhand gegeben werden. Gemeinsam in der Klasse können als Abschluss giftige und häufig vorkommende Heckenfrüchte an der Tafel gesammelt werden. Wichtig ist dabei, dass Parallelen zu ähnlichen, nicht giftigen Früchten gezogen werden. Es soll gezeigt werden, wie schnell Verwechslungen passieren können.

DIDAKTISCH-METHODISCHE HINWEISE

Die Forscheraufträge sind unterschiedlich einsetzbar. Arbeitsteilige Gruppen bieten den Vorteil, dass die Früchte nur in überschaubarer Anzahl besorgt werden müssen. Auch das Erstellen der Plakate lässt sich so am besten verwirklichen. Ein Vorgehen nach der Stammgruppenmethode wäre ebenfalls denkbar. Wichtig ist wieder, dass die Forscheraufträge nacheinander ausgegeben werden, um ein Vorausarbeiten zu vermeiden. Als Differenzierungsangebot können andere Früchte von Sträuchern herangezogen werden, so zum Beispiel die Johannisbeeren, bei denen es sich wirklich um Beeren handelt.

Eine Verbindung zur Verbreitungsbiologie ist deutlich gegeben. Daher kann, wenn es für die Klasse so sinnvoller erscheint, der Punkt 3.3.3 hier bereits angeschlossen werden.

UNTERSTÜTZTE KOMPETENZEN:

- Die Schüler können Untersuchungen sachorientiert durchführen (hier: betrachten, vergleichen und beschreiben von Früchten und Fruchttypen).

- Die Schüler können Beobachtungen miteinander vergleichen und dabei zunehmend sachbezogene Merkmale benutzen (hier: Beobachtungen zu den Fruchttypen).

- Die Schüler können Materialien und Gegenstände nach ausgewählten Eigenschaften klassifizieren und ordnen (hier: ordnen von Früchten nach Fruchttypen).

Untersuche die Früchte  **FORSCHERAUFTRAG 1**

1. Untersuche die Früchte der einzelnen Sträucher.
2. Findest du Gemeinsamkeiten?
3. Worin unterscheiden sich die Früchte?

Untersuche die Früchte  **FORSCHERAUFTRAG 2**

1. Lies den Informationstext. Welche Fruchttypen haben die einzelnen Sträucher?
2. Gestalte mit deinen Ergebnissen ein Plakat.

Die Früchte der Heckenrose  **HILFEKARTE**

1. Schneide die Frucht der Länge nach (also von oben nach unten) durch und zeichne sie. Beschreibe genau, was du siehst.
2. Schneide die Frucht der Breite nach (von rechts nach links) durch und zeichne sie.
3. Zerlege die Frucht in ihre einzelnen Teile und beschreibe diese.
4. Lies den Informationstext. Um welche Art von Frucht handelt es sich bei der Hagebutte?

Früchte von Hartriegel, Holunder und Eberesche  HILFEKARTE

1. Nimm eine kleine schwarze „Kugel" und zeichne sie. Miss die Kugel und schreibe die Größe auf.

2. Zerteile sie und zerlege sie so in ihre Einzelteile. Beschreibe sie möglichst genau.

3. Lies den Informationstext. Um welche Art von Frucht handelt es sich?

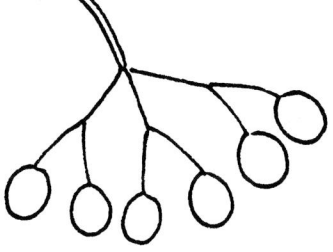 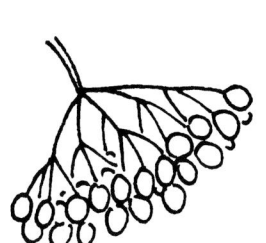 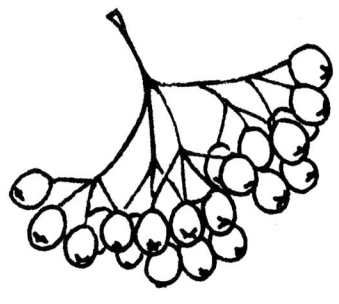

Die Früchte der Brombeere  HILFEKARTE

1. Zeichne eine komplette Brombeere.

2. Zerlege die Brombeere und nimm eine kleine schwarze „Kugel". Zeichne sie. Miss die Kugel und schreibe die Größe auf.

3. Zerteile die kleine Kugel und zerlege sie so in ihre Einzelteile. Beschreibe sie möglichst genau.

4. Lies den Informationstext. Um welche Art von Frucht handelt es sich?

Fruchttypen

INFOTEXT

Einzelfrüchte

Beere	Steinfrucht	Nuss
Das Fruchtfleisch ist weich. Darin liegen mehrere Kerne. Beispiele:	Das Fruchtfleisch ist weich. In der Mitte ist ein harter Kern. Beispiele:	Die Nuss besitzt eine harte Schale und einen weicheren Kern. Beispiele:

Sammelfrüchte

Eine Frucht besteht eigentlich aus mehreren Früchten.

Apfelfrucht	Sammelsteinfrucht	Sammelnussfrucht
Das Fruchtfleisch ist weich. Darin liegt das Kernhaus, in dem mehrere Früchte miteinander verwachsen sind. Beispiele:	Sie besteht aus vielen Steinfrüchten. Beispiele:	Sie besteht aus vielen Nussfrüchten. Beispiele:

Achtung! Giftig! INFOTEXT

| Pfaffenhütchen | Liguster | Heckenkirsche |
| Schneeball | Goldregen | Tollkirsche |

Tipps für dein Plakat HILFEKARTE

1. Schreibe eine Überschrift.

2. Klebe die Zeichnungen der Früchte und deren Beschreibung auf.

3. Klebe die Bilder der aufgeschnittenen Früchte auf und beschrifte die Teile.

4. Schreibe groß auf dein Plakat, um welchen Fruchttypen es sich handelt.

 Findest du im Internet oder in Büchern noch weitere Informationen zu den Früchten.

3.1.4 Blüten und „Blumen" (krautige Pflanzen)

FACHLICHER HINTERGRUND

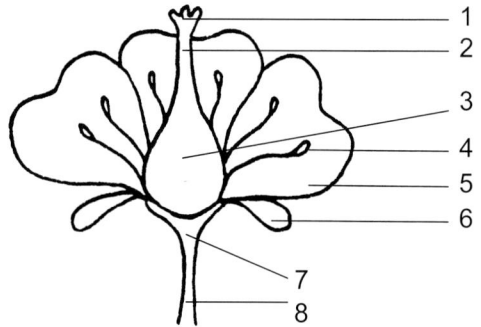

Pflanzen besitzen drei Hauptorgane: die Blätter, den Spross (auch Sprossachse genannt) und die Wurzeln. Entsprechend ihrer Lebensdauer und der Beschaffenheit ihrer Sprossachse wird zwischen Kräutern, Stauden und verholzten Pflanzen unterschieden. Kräuter gelangen innerhalb ihres Lebens nur einmal zur Blüte, man nennt sie daher auch einjährig oder annuell. Sie sind in allen Teilen krautig, also unverholzt. Ihre Sprossachse ist als Stängel oder Schaft (bei Löwenzahn und Primel) ausgebildet, er ist komplett krautig und stirbt im Herbst ab. Bei Gräsern hingegen spricht man von einem Halm, der innen hohl und durch Querscheidewände gegliedert ist. Als Blumen werden in der Umgangssprache die krautigen Pflanzen bezeichnet, die auffallende Blüten besitzen. Der Begriff „Blume" ist kein botanischer Fachbegriff.

Ausdauernde Pflanzen sind Stauden, Sträucher und Bäume. Stauden besitzen zwar krautige Sprosse, die im Winter absterben, überwintern jedoch mithilfe unterirdischer Organe, Knollen, Zwiebeln und Rhizomen. Bei Sträuchern und Bäumen ist der ganze Spross verholzt.

Die Blüte ist ein Spross begrenzten Wachstums. Sie dient der sexuellen Fortpflanzung, deren Endprodukt Samen sind. An dem Blütenboden sitzen in meist spiraliger Anordnung in mehreren Kreisen übereinander Blattorgane, die zu Fortpflanzungsorganen umgewandelt sind. Von außen nach innen lassen sich folgende Blattorgane feststellen: die Blütenhülle, die aus Kelchblättern und Kronblättern bestehen kann, die Staubblätter und den/die aus Fruchtblättern gebildeten Fruchtknoten.

1 Narbe   4 Staubblatt   7 Blütenboden
2 Griffel 5 Kronblatt   8 Stängel
3 Fruchtknoten 6 Kelchblatt

Die Kronblätter sind meist auffällig gefärbt und dienen der Anlockung von Bestäubern, daher fehlen sie bei windbestäubten Blüten häufig ganz. Die Kelchblätter hingegen sind unauffällig gefärbt und dienen dem Schutz der heranwachsenden Blütenorgane.
Die männlichen Fortpflanzungsorgane sind die Staubblätter. Sie bestehen aus einem Staubfaden und einem Staubbeutel, der aus zwei Theken mit jeweils zwei Pollensäcken besteht.
Die weiblichen Fortpflanzungsorgane sind die Fruchtblätter, die zu einem Stempel verwachsen können. Dabei unterteilt man diesen in Fruchtknoten, Griffel und Narbe. Letztere stellt das Aufnahmeorgan für die Pollenkörner dar und ist häufig klebrig. Der Griffel ist dazu da, die Narbe in eine Position zu bringen, die für eine Bestäubung günstig ist. Der Fruchtknoten selbst enthält die Samenanlage.

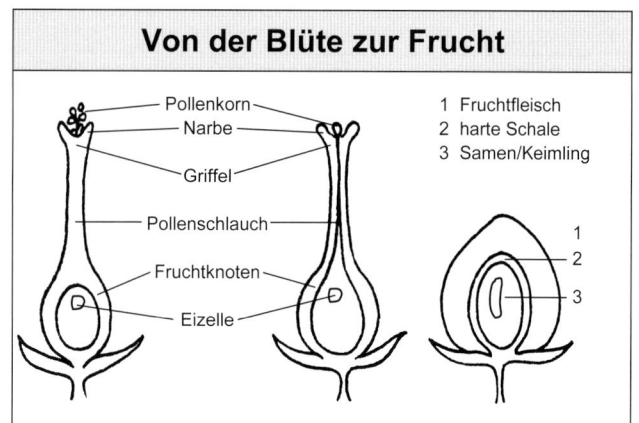

Findet nun eine Bestäubung statt, so gelangt ein Pollenkorn, das drei Zellen (eine für das Wachstum des Pollenschlauchs und zwei für die doppelte Befruchtung) enthält, auf die Narbe. Im Anschluss treibt ein Pollenschlauch über den Griffel in den Fruchtknoten. Besonders ist die nun folgende doppelte Befruchtung, bei der eine Zelle mit der Eizelle (→ Zygote), die andere mit einer weiteren weiblichen Zelle zur Bildung eines Nährgewebes verschmilzt. Die Zygote entwickelt sich zum Keimling weiter, der zusammen mit dem Nährgewebe den Samen bildet.

Die Anzahl der einzelnen Organe ist von Art zu Art sehr unterschiedlich und wird daher bei der Bestimmung von Pflanzen herangezogen.

UNTERRICHTLICHER VERLAUF

Ein erneutes Aufsuchen der Hecke im Frühling bietet die Möglichkeit, dass die Schüler jahreszeitliche Veränderungen vor Ort untersuchen können. Ihre Ergebnisse lassen sich auf vielfältige Weisen dokumentieren (sammeln, aufschreiben, zeichnen, skizzieren, fotografieren …) und geben Anlass zu einer erneuten Heckenausstellung im Klassenzimmer oder Schulhaus.

Um die Blüten genauer unter die Lupe nehmen zu können, müssen viele davon gesammelt werden. Im Klassenzimmer oder noch an der Hecke bekommt jede Gruppe bzw. jedes Paar eine Heckenrosenblüte, die genauer untersucht und zerlegt wird. Dabei werden erste Ergebnisse auf Protokollblätter notiert. Nachdem der Forscherauftrag 1 bearbeitet wurde, dient eine kurze Zwischenbesprechung dazu, die bisherigen Ergebnisse zu verbalisieren. Hier lassen sich auch die selbstgefundenen Namen für die einzelnen Blütenelemente an der Tafel sammeln und vergleichen. Forscherauftrag zwei dient nun der Hinführung zu den wissenschaftlichen Begrifflichkeiten. Eine Hilfekarte steht als Differenzierungsangebot zur Verfügung. Der sich anschließende Gesprächskreis hilft der Lehrkraft, sich einen Überblick darüber zu verschaffen, inwieweit jede Gruppe die Begriffe richtig zugeordnet und verstanden hat. Die Skizze einer Heckenrosenblüte (siehe Informationstext) mit passender Beschriftung kann für die weitere Einheit als Orientierung dienen.

Der **Umgang mit Modellen** ist in der Biologie eine wichtige fachgemäße Arbeitsweise. Bei der Blüte ist es gut möglich, dass die Schüler selbst ein Modell davon planen und ausführen. Das Material, ein Viertel eines Steckschwamms, Drahtstücke, Tesafilm und Tonpapier, wird ihnen dazu zur Verfügung gestellt. Die Schüler erhalten nun den Auftrag, mit diesem Material ein Modell zu entwickeln. Nachdem sie ihren Plan dokumentiert haben, sollte die Lehrkraft diesen mit den einzelnen Gruppen kurz durchsprechen, bevor sie eigenständig beginnen, Blütenmodelle zu erstellen. Diese werden präsentiert und im Klassenzimmer ausgestellt. Dabei ist es sinnvoll, mit den Schülern kurz über die Bedeutung von Modellen zur Veranschaulichung zu sprechen sowie über die Unterschiede und Gemeinsamkeiten eines Modells und des von ihm abgebildeten Gegenstands.

Die aufbewahrten Hagebutten werden nun mit der Blüte verglichen. Mögliche verbindende Elemente, wie die zum Teil noch sichtbaren Kelchblätter, können gemeinsam im Plenum gefunden werden. Ein sich anschließendes Gespräch soll den Kindern den Weg von der Blüte zur Frucht kurz beschreiben. Diese Entwicklung findet leider größtenteils in den Sommerferien statt. Vielleicht finden sich aber einige Schüler, die bereit sind, diese über die Ferien zu dokumentieren.

Da auch die Wildkräuter, die nun vermehrt im Saum wachsen, eine weitere Veränderung zum Herbst darstellen, bilden sie einen zweiten Schwerpunkt dieser Einheit. Die Schüler sammeln hierzu während des Unterrichtsgangs Blütenpflanzen, die rund um Hecken wachsen. Von Bedeutung ist dabei, dass die Lehrkraft diese vorher genau untersucht, um eventuell gefährdete Arten mit einem Band zu markieren, die dann von den Schülern mit besonderer Sorgfalt behandelt werden müssen und auf keinen Fall gepflückt werden dürfen (vergleiche hierzu auch 2.3). Für das Sammeln bringen die Schüler kleine Sandschaufeln (sofern nicht in der Schule vorhanden) mit, um die Wurzeln zumindest teilweise ausgraben zu können. Das Informationsblatt dient dazu, die notwendigen Arbeitsschritte beim Pressen und Herbarisieren deutlich zu machen (siehe 2.5). Um genauere Informationen über die gesammelten Blütenpflanzen zu erhalten, schlagen die Schüler in Pflanzenbüchern, deren Aufbau vorher besprochen wird, nach oder können auch das Internet benutzen. Diese Ergebnisse werden dann in einem Steckbrief festgehalten.

DIDAKTISCH-METHODISCHE HINWEISE

Alternativ zu dem Einstieg direkt an der Hecke könnte eine Vase als Impuls dienen, in der sich Äste der bekannten Sträucher mit Blüten befinden. Hierzu berichten die Schüler erste Eindrücke und Beobachtungen.

Bei dem Forscherauftrag zu den Blüten muss darauf geachtet werden, dass er wirklich in einzelnen Abschnitten den Schülern dargeboten wird. So kann ein Vorauslesen, das dem kreativen, forschenden Finden eigener Ideen im Wege stehen würde, verhindert werden.

Ist der Begriff „Modell" den Schülern noch nicht bekannt, so sollte er etwas ausführlicher mit ihnen besprochen werden (Modell als Abbildung der Realität, das entweder möglichst genau die Details oder vereinfacht den Aufbau oder die Funktion repräsentiert …). Die Modelle müssen nicht alle zur Heckenrosenblüte erstellt werden. Alternativ können auch je nach den situativen Gegebenheiten andere Blüten gewählt werden. Folgende Internetseiten eignen sich für die Recherchearbeiten der Schüler:

- www.blinde-kuh.de
- www.helles-koepfchen.de
- www.fragfinn.de
- www.loopilino.de
- www.kindernet.de

UNTERSTÜTZTE KOMPETENZEN:

- Die Schüler können Veränderungen in der lebenden Natur wahrnehmen und auf Regelhaftigkeiten zurückführen (hier: Jahreszeiten, Lebenszyklus der Heckenpflanzen).

- Die Schüler können Untersuchungen sachorientiert durchführen (hier: Untersuchen der Blüten).

- Die Schüler können geeignete Informationsquellen auswählen und sachgemäß nutzen, um Fragen zu klären (hier: Bücher und Internet nutzen, um Pflanzen zu benennen und Informationen darüber zu erhalten).

- Die Schüler können erste Modellvorstellungen von Naturphänomenen entwickeln (hier: Planen und Bauen von Blütenmodellen).

- Die Schüler können anderen einen Sachverhalt unter Nutzung und Anwendung der gefundenen Lösungen und Erkenntnisse erklären und sich dabei sprachlich verständlich und angemessen ausdrücken (hier: Vorstellen der eigenen Blütenmodelle, Vorstellen des Steckbriefs)

Die Blüten der Heckenrose  FORSCHERAUFTRAG 1

1. Schaut euch die Blüte genau an. Welche Teile könnt ihr entdecken? Ihr könnt dazu die Blüte natürlich auch zerlegen.
2. Wie könnten die einzelnen Teile heißen? Gebt ihnen erfundene Namen.
3. Beschreibt jedes dieser Teile genau.

Die Blüten der Heckenrose  FORSCHERAUFTRAG 2

Holt euch den Umschlag mit den wissenschaftlichen Namen und versucht, sie euren gefundenen Teilen richtig zuzuordnen. Ihr könnt dazu die Zeichnung als Hilfe benutzen.

- Untersucht Blüten von anderen Sträuchern.
- Findet Gemeinsamkeiten und Unterschiede.

Schilder für den Umschlag:

Staubblätter mit Pollen	Blütenblatt
Narbe	Kelchblatt
Fruchtknoten	

Das hilft dir beim Zuordnen  HILFEKARTE

Blütenblätter: schön farbig, **Kelchblätter:** grün

Narbe: etwas klebrig, **Fruchtknoten:** umgeben von „Grün"

Staubblätter: dünner „Faden" mit zwei Säckchen

Zeichnung als Hilfestellung beim Zuordnen

Der Aufbau der Heckenrosenblüte INFOTEXT

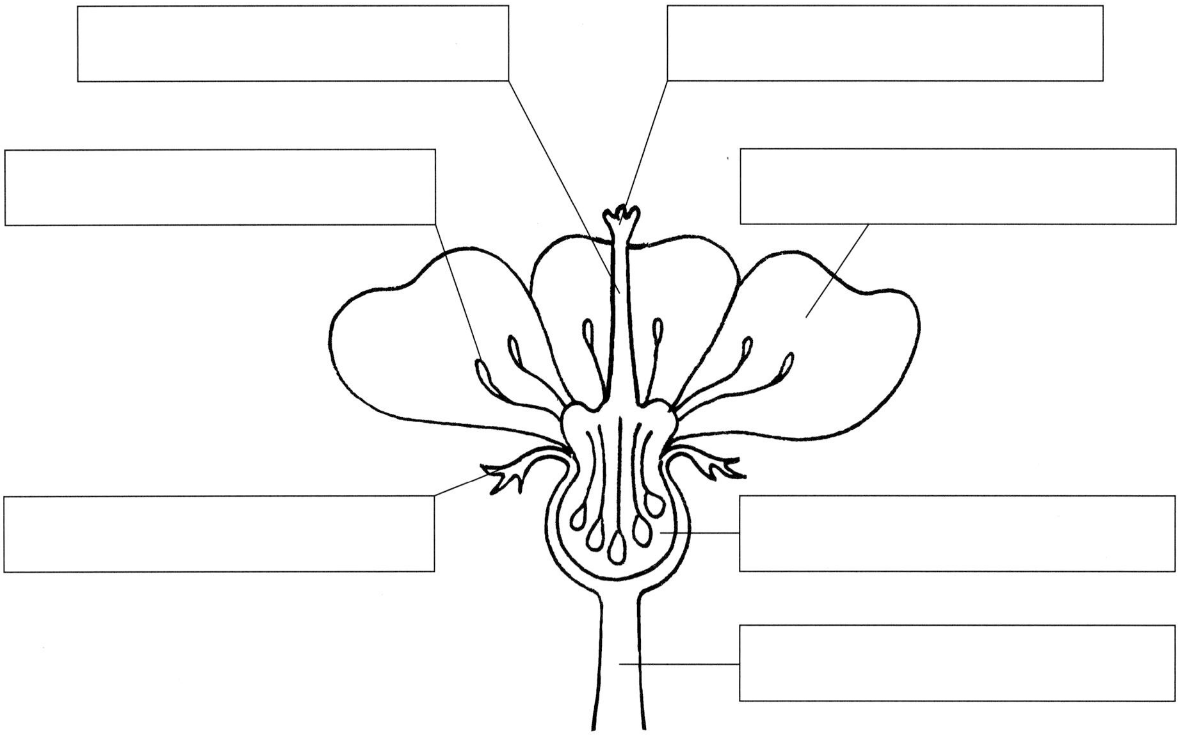

Wir bauen ein Blütenmodell — FORSCHERAUFTRAG

1. Ihr seht verschiedene Materialien vor euch. Überlegt euch, wie ihr ein Modell der Blüte bauen könntet. Schreibt euren Plan auf und malt ihn.

_____

_____

_____

_____

2. Besprecht euren Plan mit eurer Lehrerin oder mit eurem Lehrer.
3. Baut nun euer Modell und macht davon ein Foto für eure Forschermappe.

Das hilft dir beim Modellbau — HILFEKARTE

Schneide die Umrisse der Blütenteile aus Tonpapier aus. Stecke den Draht durch das Tonpapier oder klebe ihn daran fest. Stecke nun die Teile mit dem Draht voraus so in den Schwamm, dass sie wie in der Blüte angeordnet sind.

Eine Pflanze stellt sich vor

So heißt die Pflanze:

_____

_____

Zeichne die Frucht auf oder klebe ein Foto ein.

So sehen die Blüten aus:

_____

_____

So sehen ihre Blätter aus:

_____

_____

Dort wächst sie:

_____

_____

So nutzen wir Menschen die Pflanze:

_____

_____

Das ist besonders an ihr:

_____

_____

3.2 Die Tiere der Hecke

3.2.1 Tierspuren

FACHLICHER HINTERGRUND

In der Hecke lebt eine Vielzahl von Tieren: Vögel (Grasmücke, Neuntöter, Heckenbraunelle …), Insekten (Bienen, Hummeln, Florfliegen, Spinnen, Käfer …), Amphibien (Erdkröten, Molche, Frösche), Reptilien (Eidechse, Blindschleiche) und Säugetiere (Igel, Haselmaus …)

Tiere lassen sich mit einer Schulklasse in der freien Wildbahn jedoch kaum direkt beobachten. Was Kinder allerdings finden können sind Spuren, die Tiere hinterlassen haben. Folgende Arten von Tierspuren sind möglich:

Trittspuren (Fachbegriff: Trittsiegel)

Sie können vorwiegend im Winter oder bei sehr schlammigem Wetter gefunden werden. In der Hecke sind sie eher zu vernachlässigen. Unter folgendem Link finden interessierte Lehrer und Schüler eine schöne Übersicht mit den wichtigsten Trittspuren: http://www.kidsadventure.ch/beispielevontierspuren.html

Kot, Harn, Gewölle

Zur Bestimmung des Tierkots sind folgende Kriterien von Bedeutung: Form und Größe, Konsistenz, Inhaltsstoffe und Anlage der Kotplätze. Jedoch setzt es hohe Kenntnisse der Lebens- und Ernährungsweise eines Tieres voraus, um eine genaue Aussage über die Herkunft des Kots machen zu können.

Gewölle werden auch Speiballen genannt. Sie stammen von Greifvögeln, Eulen oder anderen Vögeln. Ein Gewölle besteht aus unverdauten Überresten, wie kleinen Knochen, Federn und Haaren.

Haare und Federn

Gerade an dornigen Pflanzen finden sich oftmals Haare von Tieren. Federn lassen sich mithilfe des Internets oder mit Büchern über Tierspuren bestimmen, was allerdings einige Zeit in Anspruch nimmt.

Fraßspuren

Gerade an Haselnüssen lassen sich Nagespuren genau erkennen. Hat die Nuss nur ein kleines Loch (1–2 mm), stammt dieses von einem Rüsselkäfer (Haselnussbohrer). Eichhörnchen oder Spechte zerbrechen die Nüsse. Wurde die Nuss senkrecht zum Lochrand benagt, handelt es sich um die Wald- oder Rötelmaus. Bei der Haselmaus sieht das Loch ähnlich aus, es ist meist rund, jedoch sind Zahnspuren entlang der Kante zu sehen, die wie eine Spirale aussehen.

 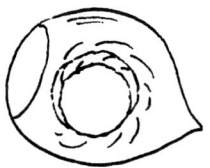

Haselnussbohrer   Haselmaus

Rötelmaus   Eichhörnchen

Auch an Blättern finden sich zahlreiche Fraßspuren: Von Fenster- und Lochfraß spricht man dann, wenn nur kleine Löcher ausgefressen sind. Verursacher sind Springschwänze, Milben und Zweiflüglerlarven. Bei Skelettfraß finden sich größtenteils nur noch die Blattadern. Er weist auf Schnecken, Asseln und Tausendfüßler hin.

Loch- und Fensterfraß, Skelettfraß

  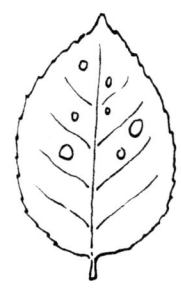

Baue und Behausungen

Baue, die in der Erde eingebuddelt sind (z.B. Fuchs und Kaninchen), findet man vor allem in Wäldern. In der Hecke gibt es sie vor allem auf oder in Bäumen, zum Beispiel Vogelnester. Auch Spinnennetze lassen sich finden und mithilfe von Büchern grob einer Spinne zuordnen.

Das genaue Beschreiben der einzelnen Spuren und die genaue Zuordnung zum jeweiligen Tier würden hier zu weit führen. Empfehlenswert sind hier weiterführende Bücher und Internetseiten, die im Literaturverzeichnis zu finden sind.

UNTERRICHTLICHER VERLAUF

Nachdem bisher nur die Pflanzen betrachtet wurden, wird den Schülern sicherlich schnell bewusst sein, dass auch Tiere in der Hecke leben. Dazu bestehen wohl schon viele Erfahrungen der Kinder, wenn auch oft nur sekundärer Art. Der Vorschlag der Lehrkraft, an die Hecke zu gehen und Tiere zu beobachten, dient als Provokation und soll die Schüler zum Nachdenken anregen. Bald werden Einsprüche kommen, dass dies nicht so leicht zu verwirklichen ist. Im Gespräch kann eine Lösung gesucht werden, nämlich das Finden von Spuren. Um die Motivation zu erhöhen, können die Schüler im weiteren Unterrichtsgang auch als Tierdetektive bezeichnet werden, so kann ihnen auch die Bedeutung von Spuren von einem anderen Gebiet auf die Tierwelt übertragen werden. Mithilfe der Forscheraufträge suchen die Schüler dann in Gruppen oder mit dem Partner zusammen an der Hecke nach Tierspuren. Hilfekarten ermöglichen es auch den Kindern, erfolgreich zu sein, die vielleicht nicht wissen, nach was sie genau suchen sollen. Das Dokumentieren und Sammeln wird ganz den jeweiligen Gruppen überlassen. Dazu sollten allerdings Stifte, Papier oder Plakate, Schachteln oder Tüten zum Sammeln (die auch beschriftet werden können), eine Fotokamera und Spurenbücher zur Verfügung stehen. Die Ergebnisse werden im Plenum präsentiert. Danach erfolgt eine abschließende Gesprächsrunde, in der Erfahrungen, Besonderheiten und Schwierigkeiten nochmals reflektiert werden.

Obwohl starre Bilder immer die Gefahr der Verfälschung bergen, bietet es sich hier an, dass ein Bild mit vielen Heckentieren, die gleichzeitig sichtbar sind, herangezogen wird, um die Vielfalt der Tiere der Hecke zu verdeutlichen. Die Schüler müssen allerdings unbedingt darauf hingewiesen werden, dass diese Situation so nie sein wird. Hier kann sich auch ein Gespräch darüber anschließen, warum das nicht so sein kann (z.B. Feinde). Zunächst werden die Tiere markiert, von denen erfolgreich Tierspuren gefunden werden konnten. Die übrigen werden richtig benannt, wobei eine Reflexion, warum wohl keine Spuren an der aufgesuchten Hecke zu finden waren, durchaus sinnvoll und produktiv sein kann. (Möglichkeiten: Tier hinterlässt kaum Spuren, um für Feinde nicht auffindbar zu sein. Spuren sind zu klein. Dieses Tier lebt in dieser Hecke vielleicht nicht.)

DIDAKTISCH-METHODISCHE HINWEISE

Tierspuren, die vor Ort nicht geklärt werden können, werden im Klassenzimmer weiter untersucht, zum Beispiel mithilfe des Internets oder im Rahmen der Hausaufgabe.

Sollte das nochmalige Aufsuchen der Hecke mit zu großem Aufwand verbunden sein, können die Tierspuren auch während eines früheren Unterrichtsgangs gesammelt und dokumentiert werden. Die Weiterarbeit erfolgt im Klassenzimmer.

UNTERSTÜTZTE KOMPETENZEN:

- Die Schüler können aus naturwissenschaftlichen Phänomenen sinnvolle Fragen ableiten (hier: ausgehend von Tierspuren).

- Die Schüler können Beobachtungen miteinander vergleichen (hier: Spuren von Tieren).

- Die Schüler können geeignete Informationsquellen auswählen und sachgemäß nutzen, um Fragen zu klären (hier: Welches Tier hinterließ welche Spur?).

- Die Schüler können Vorstellungen und Vermutungen entwickeln, sprachlich verständlich darstellen und miteinander vergleichen (hier: Vermutungen, welches Tier die Spuren hinterlassen haben könnte, und Begründungen dazu nennen).

Wir finden Tierspuren  FORSCHERAUFTRAG

1. Untersucht die Hecke. Welche Spuren von Tieren könnt ihr entdecken?
2. Sammelt, fotografiert, zeichnet oder beschreibt.
3. Schreibt eure Vermutungen auf, welches Tier wohl die Spur hinterlassen haben könnte. Begründet, warum ihr das vermutet.
4. Findet mithilfe des Spurenbuches heraus, wer diese Spur wirklich hinterlassen hat. Vergleicht mit eurer Vermutung.

Entdeckt ihr auch einige Tiere? Fotografiert oder schreibt auf.

Tierspuren  HILFEKARTE

1. Findet ihr Trittspuren im Boden?
2. Findet ihr Haare oder Federn?
3. Könnt ihr ein Spinnennetz oder ein Nest entdecken?
4. Könnt ihr Kot entdecken?
5. Schaut euch Früchte und Blätter an. Wer hat sie wohl angefressen?

3.2.2 Die Vögel

FACHLICHER HINTERGRUND

Die Vögel werden hier als exemplarisches Beispiel für die Anpassung von Tieren an das Leben in der Hecke gewählt. Dabei werden die Vertreter herausgegriffen, an denen sich die unterschiedlichen Wege der Evolution gut veranschaulichen lassen. Neben ihrer Größe und ihrer Gefiederfarbe unterscheiden sich Vögel auch bezüglich ihrer Schnabelform. Der Schnabel wurde im Laufe der Jahrtausende immer weiter perfektioniert. Der Grundaufbau (Oberschnabel am Schädel befestigt, Unterschnabel über ein Gelenk beweglich) ist immer gleich. Jedoch kann das Keratin, der Grundbestandteil des Schnabels, unterschiedliche Formen annehmen. So konnten die Vögel verschiedene ökologische Nischen besetzen. Es entwickelten sich Werkzeuge zur Nahrungsaufnahme, die hochspezialisiert sind.

Folgende Hauptformen lassen sich unterscheiden:

Der Hakenschnabel:

Der Oberschnabel ist spitz und nach unten gekrümmt, wobei er deutlich länger ist als der Unterschnabel. Je größer dabei die Beutetiere sind, desto kräftiger ist er. Ihn besitzen Papageien und Greifvögel, wie der Mäusebussard oder der Neuntöter. Für die Papageien lässt sich der Schnabel als Hilfe zum Knacken von harten Kernen und als Kletterhilfe benutzen. Greifvögel hingegen gebrauchen ihn zum Töten und Zerteilen von Beutetieren.

Der Spitzschnabel:

Vögel, die Insekten fressen, besitzen spitze, schmale Schnäbel, die einer Pinzette ähneln. Dabei sind der Ober- und der Unterschnabel gleich lang. So sind sie geeignet zum Fangen von Insekten im Flug, sogar wenn diese giftig sind, da der Abstand zum Beutetier ein Gestochen-Werden verhindert. Dieser Schnabeltyp findet sich zum Beispiel bei der Grasmücke.

Der Kegelschnabel:

Dieser Schnabel, der sehr kräftig ist und eine konische Form besitzt, gehört zu Vögeln, die Körner fressen, wie zum Beispiel die Finken oder die Dompfaffen. So können sie auch harte Samen ohne Mühe knacken. Ober- und Unterschnabel sind hier gleich lang.

Weitere Schnabelarten:

Der Kreuzschnabel gehört zu Vögeln (z.B. Fichtenkreuzschnäbel), die Fichtensamen fressen. Dabei überkreuzen sich die beiden Schnabelenden und können so als Hebel eingesetzt werden. Der Pflanzenfresserschnabel der Enten ist allseits bekannt. Er hat eine flache und breite Form sowie einen gezackten Rand. Daneben seien hier noch der Röhrenschnabel des Kolibris und der Seihschnabel des Flamingos erwähnt, die höchst spezialisiert sind.

Diese genaue Gliederung der Schnabelformen wird in der Grundschule noch nicht behandelt. In dieser Altersstufe empfiehlt sich eher eine einfache Gliederung der Vögel nach ihren Schnäbeln in Körnerfresser, Weichfresser, Allesfresser.

Weichfresser:

Weichfresser haben einen spitzen und kleinen Schnabel. Sie fressen z.B. Früchte, Insekten und Weichtiere. Zu den Weichfressern gehören: Amsel, Drossel, Zaunkönig, Rotkehlchen und Specht.

Körnerfresser:

Körnerfresser haben einen kegelförmigen, kurzen und spitzen Schnabel. Sie fressen z.B. Samen mit Schalen. Zu ihnen gehören: Fink, Meise und Gimpel.

Allesfresser:

Allesfresser haben einen langen und kräftigen Schnabel. Sie nehmen tierische und pflanzliche Kost zu sich. Allesfresser bleiben über das ganze Jahr in unseren Gefilden. Zu den Allesfressern gehören Neuntöter, Elster, Eichelhäher und Dohle.

Eine weitere Erscheinung im Tierreich, die häufig auftritt, kann ebenfalls bei den Vögeln beobachtet werden, nämlich der Geschlechtsdimorphismus: Männchen unterscheiden sich häufig neben der Größe auch in ihrer Gefiederfarbe von den Weibchen, die ein unauffälligeres Gefieder besitzen, das ihnen eine gute Tarnung während des Brutvorgangs ermöglicht. Im Unterschied dazu tragen die Männchen ein auffälliges Balzkleid. Dieses suggeriert den Weibchen Gesundheit und Stärke, je farbenfroher es gestaltet ist. (Ein so wenig getarntes Individuum schafft es nur dann zu überleben, wenn es besondere Vorzüge besitzt.)

Um Schnabelformen und Geschlechtsdimorphismus nicht allzu abstrakt zu vermitteln, sollen in der Einheit auch einzelne Vertreter genauer behandelt werden, nämlich die Grasmücke, der Neuntöter und der Dompfaff. Alle notwendigen Informationen hierzu finden sich in den Informationstexten.

UNTERRICHTLICHER VERLAUF

Den Ausgangspunkt der Unterrichtseinheit bieten Bilder von verschiedenen Sing- und Raubvögeln. Nachdem die Schüler die Möglichkeit hatten, ihr Vorwissen und ihre Vorerfahrungen einzubringen, bekommen sie die Aufgabe, sich zu überlegen, wie die Vögel wohl geordnet werden könnten. Die gefundenen Ordnungskriterien werden ohne Wertung gesammelt und anschließend miteinander verglichen. Sollte der Vorschlag, nach den Schnäbeln zu ordnen, nicht von den Kindern kommen, kann ein stummer Impuls leicht in diese Richtung lenken. Die Lehrkraft macht dabei aber klar, dass das Ordnen nach den Schnäbeln *eine* Möglichkeit darstellt, die für Wissenschaftlicher wichtige Erkenntnisse bringt, und dass daher diese in der Stunde genauer erforscht werden soll.

Die Gruppen erhalten Schwarz-Weiß-Kopien der Vogelbilder, auf denen mehrere Vögel mit Hakenschnäbeln (z.B. Neuntöter, Mäusebussard, Falke …), mit Spitzschnäbeln (Heckenbraunelle, Rotkehlchen, Grasmücke …) und mit Kegelschnäbel (Dompfaff, Grünfink, Sperling …) zu sehen sind. Die Forscheraufgaben werden in Gruppenarbeit durchgeführt. Denkbar wäre auch, dass der erste bis dritte Schritt (betrachten, Gemeinsamkeiten finden, Unterschiede finden) in Einzelarbeit stattfinden und ein Gespräch in der Gruppe abschließend alle Ideen vereint. Die Ergebnisse werden im Plenum besprochen, ergänzt und mithilfe eines Nussknackers und einer Pinzette nochmals veranschaulicht (Knacken eines Samens, Herausholen eines Gegenstands, „Stochern"). Die Fachbegriffe für die Schnabelnamen können den Schülern ergänzend dargeboten werden.

Eine weitere Anpassung stellt das Gefieder der Vögel dar. Als Überleitung hängen schon von Beginn an das Weibchen und das Männchen eines Gimpels unter den übrigen Vogelbildern. Nachdem die Schüler diese Besonderheit selbst entdeckt haben, sollen sie zunächst Unterschiede zwischen Männchen und Weibchen herausarbeiten. Hierzu werden noch weitere Bilder von Vögeln hilfreich, bei denen sich das Weibchen und das Männchen voneinander unterscheiden (Dompfaff, Amsel ...). Diese bieten Anlass zu vermuten, warum diese Unterschiede bestehen könnten. Ein Besprechen in der Gruppe ermöglicht einen sozialen Austausch, der für den Vermutungsprozess besonders fruchtbar sein kann. Im Anschluss daran werden die Ergebnisse im Plenum vorgestellt und gegebenenfalls ergänzt.

In einem weiteren Schritt sollen nun exemplarisch drei Vögel genauer betrachtet werden. Dazu wählt jede Gruppe einen Vogel aus, liest den Informationstext und erstellt ein Plakat, welches nach einer Präsentation im Klassezimmer ausgestellt wird.

DIDAKTISCH-METHODISCHE HINWEISE

Gerne kann zu Anfang der Unterrichtseinheit zu den Vogelbildern auch ein exotischer Vogel genommen werden, sodass evtl. auch der Aspekt „einheimisch" thematisiert werden kann.

Natürlich können je nach persönlichen Vorlieben auch andere Vertreter für Heckenvögel gewählt werden. Als zusätzliche Möglichkeit bietet es sich auch an, Referatsthemen über einheimische Vögel zu verteilen, die einzeln oder in der Gruppe ausgearbeitet und vorgestellt werden können.

UNTERSTÜTZTE KOMPETENZEN:

- Die Schüler können Beobachtungen miteinander vergleichen und dabei zunehmend sachbezogene Merkmale benutzen (hier: Beobachtungen zu äußeren Merkmalen von Vögeln).

- Die Schüler können Materialien und Gegenstände nach ausgewählten Eigenschaften klassifizieren und ordnen (hier: Vögel nach Schnabelformen).

- Die Schüler können einfache Ursache-Wirkungszusammenhänge erkennen und angemessen sprachlich darstellen (hier: Schnabelform – Nahrung).

- Die Schüler können Vorstellungen und Vermutungen entwickeln, sprachlich verständlich darstellen und miteinander vergleichen (hier: Vermutungen zum Nutzen der einzelnen Schnabelformen, Vermutungen zu den Gründen für das unterschiedliche Aussehen von Weibchen und Männchen bei Vögeln).

Die Schnäbel der Vögel

 **FORSCHERAUFTRAG 1**

1. Schaut euch die unterschiedlichen Schnäbel auf den Vogelbildern an.
2. Findet ihr Gemeinsamkeiten? Welche Unterschiede gibt es?
3. Wie sehen die Schnäbel der unterschiedlichen Vogelgruppen aus? Gebt den Schnäbeln Namen.
4. Überlegt euch, was jede Vogelgruppe mit ihrem Schnabel besser kann. Welche Vorteile haben die einzelnen Schnäbel?

Männchen und Weibchen

 **FORSCHERAUFTRAG 2**

1. Schau dir die Vogelpärchen genau an.
2. Finde Unterschiede zwischen dem Weibchen und dem Männchen.
3. Vermute, warum es diese Unterschiede gibt.

Mein Vogel-Plakat

 **FORSCHERAUFTRAG 3**

1. Lies den Informationstext über einen Vogel gut durch.
2. Unterstreiche das, was du am wichtigsten oder am interessantesten findest.
3. Erstelle ein Plakat.

Der Gimpel

INFOTEXT

Der Gimpel wird auch Dompfaff genannt. Er gehört zu den Finkenvögeln und wird bis zu 15 cm lang. Sein Gesang ist sehr leise.

Das Männchen hat eine prächtige rote Brust, einen grauen Rücken, einen schwarzen Schwanz, schwarze Flügel und einen schwarzen Kopf. Das Weibchen hingegen hat eine braune Brust.

Auf dem Speiseplan des Gimpels stehen im Frühjahr vor allem frische Knospen von Laubbäumen, im Sommer frisst er am liebsten Beeren und kleinere Samen von Sträuchern. Im Winter bleibt er bei uns, man nennt ihn daher Standvogel.

Ab Anfang April beginnt das Weibchen mit dem Nestbau, vor allem in Sträuchern, manchmal auch in Bäumen. Es legt dann vier bis fünf leicht bläuliche Eier, die ganz kleine schwarze Punkte haben. Während das Weibchen zwei Wochen lang die Eier ausbrütet, füttert es das Männchen. Gimpel können drei bis acht Jahre alt werden.

Der Neuntöter

INFOTEXT

Beim Männchen fällt vor allem der schwarze Augenstreif auf. Oberkörper und Nacken sind grau, Rücken und Flügel rotbraun. Das Weibchen ist dagegen unauffällig und hat einen braunen Augenstreif.

Auf dem Speiseplan des Neuntöters stehen vor allem Insekten, wie Käfer, Heuschrecken oder Grillen. Selten frisst er auch Mäuse oder junge Vögel. Seinen Namen erhielt der Neuntöter, weil er Insekten als Nahrungsreserve auf Schlehendornen aufspießt. So hat er in schlechten Zeiten genügend Nahrung.

Er baut sein Nest in dichten Dorngebüschen. Das Weibchen legt fünf bis sechs Eier, die ganz unterschiedlich gefärbt sind, und brütet diese 14 bis 16 Tage aus.

Da er im Winter keine Nahrung findet, verbringt der Neuntöter das Winterhalbjahr in Afrika und ist erst ab Mai wieder in Deutschland zu sehen. Man nennt ihn daher auch Zugvogel.

Die Mönchsgrasmücke

INFOTEXT

Bei uns kommt von den Grasmücken die Mönchsgrasmücke am häufigsten vor. Ihren Namen hat sie von der schwarzen Kappe. Bei den Weibchen ist diese eher braun. Rücken, Flügel und Schwanz sind graubraun.

Auf dem Speiseplan der Mönchsgrasmücke stehen vor allem Insekten und Larven. Sie frisst aber auch Beeren und Früchte von Sträuchern, wie zum Beispiel vom Holunder, von der Heckenkirsche oder vom Hartriegel.

Beim Nestbau beginnt zunächst das Männchen, das Weibchen baut dieses dann fertig. Häufig befindet sich das Nest in Brombeersträuchern. Im April legt das Weibchen vier bis sechs Eier, die unterschiedlich gefärbt sein können. Es brütet sie dann über 11–12 Tage hinweg aus.

Immer häufiger überwintern die Grasmücken in Großbritannien, statt wie früher in Spanien, da die Zugstrecke viel kürzer ist.

3.3 Die Hecke als Ökosystem

3.3.1 Nahrungsbeziehungen

FACHLICHER HINTERGRUND

Innerhalb der Hecke bestehen unzählige Nahrungsbeziehungen. Exemplarisch soll hier ein Ausschnitt aus einem Nahrungsnetz dargestellt werden: Die Hasel wird von der Biene bestäubt, wodurch Haselnüsse entstehen, die der Mensch verzehrt. Die Nüsse dienen auch der Haselmaus als Nahrung, die wiederum ein Beutetier des Mäusebussards ist. Die Blätter der Hasel werden von der Schnecke gefressen, die, genau wie die Biene, den Neuntöter als Fressfeind besitzt.

Die Pflanzen werden in der Fachliteratur als Produzenten bezeichnet, da sie Glukose produzieren. Die Fressfeinde der Pflanzen sind die Primärkonsumenten, die wiederum den Sekundärkonsumenten als Nahrung dienen.

UNTERRICHTLICHER VERLAUF

Die Stunde wird zunächst mit der Frage eröffnet, warum alle Bewohner genau an diesem Ort (in der Hecke) leben. Daran schließt sich ein Gesprächskreis an, bei dem die Schüler neben anderen Aspekten sicher bald auf das Thema „Fressen" kommen werden, das den Schwerpunkt dieser Einheit darstellt. An die Tafel werden dazu drei Bilder gehängt: Holunderstrauch, Mensch, Biene. Die Schüler sollen überlegen, wie diese drei Lebewesen miteinander in Verbindung stehen (Nahrung, Bestäubung). Im Anschluss daran bekommt jedes Kind zunächst in Einzelarbeit den Forscherauftrag zur Erstellung eines Nahrungsnetzes. Diese Skizzen werden dann in Partnerarbeit auf Gemeinsamkeiten und Unterschiede hin verglichen. Die Netze werden im Plenum besprochen, woraus ein Nahrungsnetz an der Tafel entsteht. Wichtig ist auch das Eingehen auf die Bedeutung jedes einzelnen Glieds der Nahrungskette. Sollte eine Tierart aussterben, birgt das Konsequenzen für das gesamte Nahrungsnetz. Als Abschluss kann das Netz mithilfe einer langen Schnur veranschaulicht werden. Schüler bekommen Namensschilder der beteiligten Lebewesen umgehängt. Besteht eine Nahrungsbeziehung, so wirft der eine dem anderen die Schnur zu und hält sein Ende fest. Dieser wirft weiter zu einem Fressfeind oder zu einer Beute. So entsteht allmählich ein vielfältiges Netz, bei dem gut demonstriert werden kann, was passiert, wenn eine Art ausstirbt und dieses Ende losgelassen wird.

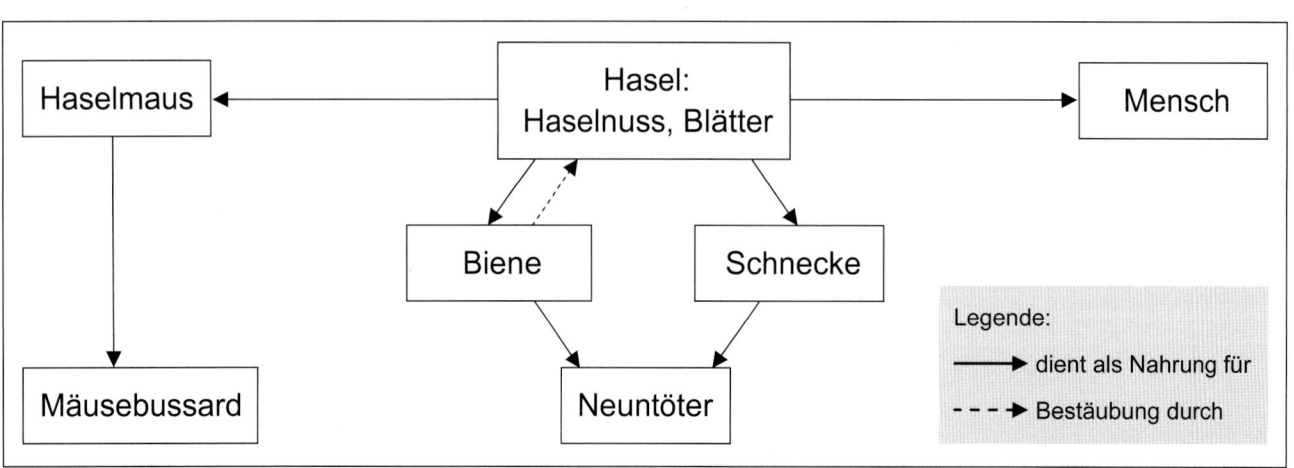

DIDAKTISCH-METHODISCHE HINWEISE

Als Differenzierung kann in manchen Gruppen, wenn es der Lehrer als notwendig erachtet, die Komplexität der Bewohner reduziert werden: Heckenrose, Biene, Grasmücke, Mensch. Die Karten mit den Pfeilen sollten für jede Gruppe in ausreichender Anzahl kopiert werden. Leere Wortkarten können in beliebiger Anzahl zur Verfügung gestellt werden. Als Alternative zum Tafelbild können die Wortkarten und Pfeile auch als Folienschnipsel für den Overhead-Projektor zur Erstellung eines Netzes verwendet werden.

UNTERSTÜTZTE KOMPETENZEN:

- Die Schüler können erste Modellvorstellungen von Naturphänomenen aufbauen (hier: Nahrungsnetz als Modell für die Zusammenhänge bezüglich des Nahrungsangebots).

- Die Schüler können Systeme in der Natur exemplarisch erkennen (hier: Wechselwirkungen zwischen Feind und Beute → Nahrungsnetz).

- Die Schüler können die Notwendigkeit eines verantwortlichen Umgangs mit der Natur unter dem Aspekt der Nachhaltigkeit begründen (hier: Bedeutung jedes einzelnen Glieds der Nahrungskette für das Ökosystem).

Nahrungsbeziehungen in der Hecke

FORSCHERAUFTRAG

Überlege dir, wie diese Bewohner der Hecke in Verbindung stehen.
Lege ein Nahrungsnetz. Verwende dazu die Wortkarten und die Pfeile.

🔍 Finde für die beiden leeren Wortkarten weitere Heckenbewohner und ergänze sie in deinem Netz.

Vergleiche deine Skizze mit der deines Partners. Was ist gleich?
Was ist unterschiedlich? Besprecht euch.

🔍 Überlegt euch, was passiert, wenn die Haselmaus aussterben würde.

Hasel (Haselnüsse, Blätter)	Haselmaus	Biene
Vogel (Neuntöter)	Mäusebussard	Schnecke
Mensch		

⟶ wird gefressen von	⟶ wird gefressen von	⟶ wird gefressen von
⟶ wird gefressen von	⇢ wird bestäubt von	⇢ wird bestäubt von

3.3.2 Schutzeinrichtungen

FACHLICHER HINTERGRUND

Wie bereits erfahren, leben in der Hecke unzählige Tier- und Pflanzenarten in vielfältigen Wechselwirkungen zusammen. So finden sich im direkten Umfeld jedes Tieres und jeder Pflanze auch Fressfeinde, vor denen es sich zu schützen gilt, um das eigene Überleben zu sichern. Hier sollen exemplarisch einige dieser Schutzmechanismen erläutert werden. Im Tierreich wird der Schwerpunkt der Einheit auf die Tarnung (Krypsis) gelegt. Dabei unterscheidet man zwischen verschiedenen Arten:

Somatolyse:

Die Farben und die Form des Körpers zielen darauf ab, dass sich die Körperkonturen optisch auflösen, also dass das Lebewesen mit dem natürlichen Lebensraum „verschmilzt". Beispiele: Heuschrecken, Kröten, Eidechsen, Heckenbraunelle, manche Raupen von Schmetterlingen.

Mimese:

Die Tiere bleiben hier sehr wohl sichtbar, werden jedoch leicht mit Dingen ihrer Umgebung (Steine, Blätter, Zweige) verwechselt, da sie entweder bezüglich der Gestalt, der Farbe oder der Haltung diese nachahmen. Beispiele: Stabheuschrecken ahmen Äste nach, ein Teil der Gespenstschrecken ahmt Blätter nach.

Mimikry:

Hier spricht man von Warntarnung. Manche Lebewesen ahmen andere Tiere nach, die wehrhaft oder giftig sind, und suggerieren damit dem Feind fälschlicherweise dies ebenfalls zu sein. Das bekannteste Beispiel hierfür ist die Schwebefliege, die Bienen und Wespen nachahmt, selbst jedoch überhaupt nicht wehrhaft ist. Der Räuber lernt beim erstmaligen Kontakt mit einer Wespe, dass diese einen Stachel besitzt. Trifft es nun wieder auf ein schwarz-gelbes Insekt, wird es dieses lieber meiden. Auch das Tagpfauenauge nutzt die Warntarnung. Klappt es die Flügel auf, bieten sich dem Feind zwei Augen dar, die ihn verwirren und dazu verleiten, daneben zu schnappen.

Auch Pflanzen müssen sich vor Fressfeinden schützen. Zum einen erreichen sie dies natürlich durch Gift- oder Bitterstoffe (wie beim Pfaffenhütchen), zum anderen durch Dornen oder Stacheln:

Von Sprossdornen spricht man dann, wenn kurze Triebe in eine Dornspitze auslaufen und mit Schuppenblättern besetzt sind, wie beim Weißdorn. Dornblätter sind umgewandelte Blattorgane, bei denen die Ausbildung der Blattspreite unterdrückt ist, wobei die Hauptnerven in eine harte Dornspitze auslaufen, wie bei der Berberitze. Stacheln sind hingegen Auswüchse der Sprossepidermis. Beispiele hierfür sind die Brombeere und die Heckenrose.

(Bei Schülern ist es noch nicht notwendig, auf diese Unterscheidung zu bestehen. Die Lehrkraft sollte jedoch die Begriffe Stacheln und Dornen richtig gebrauchen.)

UNTERRICHTLICHER VERLAUF

Zur Wiederholung der letzten Einheit wird nochmals ein beliebiges Nahrungsnetz innerhalb des Ökosystems „Hecke" mit den Schülern erstellt. Davon wird eine Beziehung herausgegriffen, zum Beispiel: Käfer–Vogel. In einem Gesprächskreis steht die Frage im Mittelpunkt, welche Notwendigkeiten sich daraus für den

Käfer wohl ergeben. (Er muss sich wehren oder gut verstecken können.) Im Anschluss wird auch eine Verbindung aus dem Nahrungsnetz gewählt, bei der eine wehrhafte Pflanze vorkommt. Nachdem die Schüler festgestellt haben, dass sich auch Pflanzen schützen müssen, werden kurz die Vorerfahrungen eruiert. Bei den sich anschließenden Forscheraufträgen werden die Schutzmechanismen konkretisiert und ausgeweitet. Ein Vergleich der gefundenen Ergebnisse dient dem sozialen Austausch und führt zu wichtigen, vertiefenden Erkenntnissen, bei denen die Lehrkraft bei Bedarf beratend eingreift. Als Abschluss können weitere Vertreter der jeweiligen Schutzmechanismen gesammelt werden.

UNTERSTÜTZTE KOMPETENZEN:

- Die Schüler können aus naturwissenschaftlichen Phänomen Fragen ableiten (hier: Wie schützen sich Tiere und Pflanzen?).

- Die Schüler können Systeme (definiert durch Abhängigkeiten und Wechselwirkungen ihrer Systemelemente) in der Natur exemplarisch erkennen (hier: Lebensraum Hecke fordert Schutzmechanismen, die das eigene Überleben sichern).

- Die Schüler können Vorstellungen und Vermutungen entwickeln, sprachlich verständlich darstellen und miteinander vergleichen (hier: Vorstellungen zu den Schutzmechanismen).

So schützen sich Tiere und Pflanzen

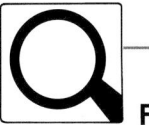 **FORSCHERAUFTRAG**

Schau dir die Bilder an. Schreibe kurz auf, wie sich das Tier oder die Pflanze auf den Bildern vor seinen Feinden schützen kann.

Bild 1

Bild 2

Bild 3

Bild 4

Bild 5

Bild 6

3.3.3 Verbreitung

FACHLICHER HINTERGRUND

Die Ausbreitungseinheiten von Pflanzen werden in der Fachliteratur als Diasporen bezeichnet. Dies können Sporen, Samen oder Früchte, aber auch Ausläufer sein. Bei den Pflanzen unterscheidet man zwischen Autochoren (aktive Verbreitung, z.B. Springkraut und Spritzgurke) und Allochoren, die eines äußeren Vektors bedürfen, um passiv ausgebreitet werden zu können. Bei Letzteren unterscheidet man verschiedene Arten der Ausbreitung.

Anemochorie:
Anemochorie ist die Ausbreitung durch den Wind. Bei uns nehmen die Anemochoren den größten Teil aller Allochoren ein. Bis zu einem Gewicht von 0,05 g wird eine Diaspore ohne morphologische Anpassungen vom Wind ausgebreitet. Bei einem höheren Gewicht braucht sie einen speziellen Aufbau, der die Fallgeschwindigkeit reduziert. Es gibt verschiedene Parameter, die einen Einfluss auf die anemochore Ausbreitung haben: Je langsamer die Diaspore sinkt, desto weiter kann sie verbreitet werden (sinkt sie 5 Sekunden langsamer, kann sie in etwa 25 m weiter getragen werden). Die Sinkgeschwindigkeit hängt von bestimmten Eigenschaften der Diasporen ab. Am bedeutendsten ist das Verhältnis des Gewichtes zur Fläche und Form. Wird also die Fläche des ausbreitenden Organs größer, so kann die Diaspore auch bei höherem Gewicht etwa gleich weit ausgebreitet werden. Daher kann man noch weiter unterscheiden: Winzige Diasporen, Diasporen mit Haaren oder Schirmchen (z.B. beim Löwenzahn) und geflügelte Diasporen: Hier dienen Flügel als „Tragflächen". Man kann sie unterteilen in Gleitflieger, vergleichbar mit dem Prinzip eines Segelflugzeugs, und Dynamikflieger, vergleichbar mit dem Prinzip eines Hubschraubers. Hier kommt der Flug aufgrund einer Drehbewegung zustande. Vertreter geflügelter Diasporen sind beispielsweise die Hainbuchen- und Ahornfrucht.

Zoochorie:
Zoochorie ist die Ausbreitung durch Tiere. Diese kann über den Kot oder am Tier selbst (im Fell, an den Hufen etc.) stattfinden. Eine weitere Möglichkeit besteht darin, dass Tiere Diasporen fallen lassen, die sie zu Nahrungszwecken gesammelt haben. Beispiele dafür sind die Große Klette und die Walnuss.

Weitere Ausbreitungsarten:
Bei einer Ausbreitung durch Wasser spricht man von Hydrochorie. Hemerochorie ist die Ausbreitung durch den Menschen (z.B. Kultivierung, Saatgutbegleiter). Barochoren werden durch Schwerkraft verbreitet.

Gründe für die Notwendigkeit der Ausbreitung
Die Pflanze schafft es aufgrund einer weiten Verbreitungsdistanz intraspezifischer Konkurrenz mit der Mutterpflanze und anderen artgleichen Keimlingen zu entgehen. Auch Fressfeinde würden bei einer hohen Individuendichte derselben Art stärker angelockt. Durch die Ausbreitung kann es der Pflanze eventuell gelingen, neue Habitate zu besetzen, was ihr Überleben sichert. Die Ausbreitung verhindert außerdem Inzuchterscheinungen.

UNTERRICHTLICHER VERLAUF

Nachdem die Schüler in den vorausgehenden Einheiten die Vorteile eines Lebens in der Hecke, aber auch die sich daraus ergebenden Schutzmechanismen kennengelernt haben, soll nun gemeinsam geklärt werden, welchen Vorteil speziell die Pflanzen aus dem Leben in der Hecke ziehen. Da die Früchte bereits bekannt sind, werden die Schüler wohl ohne weiteren Hilfsimpuls das Thema „Verbreitung" ansprechen. Das wirft zunächst die Frage auf, warum überhaupt eine Verbreitung über weite Strecken hinweg stattfinden muss, obwohl diese doch mit hohen Kosten für die Pflanze verbunden ist. Die Schüler sollen sich hierzu vorstellen, was passiert, wenn die Pflanze ihre Samen einfach nach unten fallen lässt. Ein kurzer Informationstext dient im Anschluss als Zusammenfassung. Es gilt nun natürlich zu erforschen, wie es die Pflanzen schaffen können, ihre Samen möglichst weit zu verbreiten. Nach einer Vermutungsphase, in der mit großer Wahrscheinlichkeit auch das Eichhörnchen genannt wird, wird der inhaltliche Aspekt der Tierverbreitung aufgegriffen und genauer besprochen. Auch hier kann der Informationstext die notwendigen Zusammenhänge kompakt darstellen und das Vorwissen der Kinder noch ergänzen. Als zweiter wichtiger Punkt wird nun die Windverbreitung erforscht. Hierzu bearbeiten die Schüler in Gruppen den Forscherauftrag. Die Hilfekarte kann bei Bedarf herangezogen werden. In einem anschließenden Gespräch ist es wichtig, dass alle Zusammenhänge nochmals verbalisiert und bei Bedarf mithilfe der Versuche veranschaulicht werden.

DIDAKTISCH-METHODISCHE HINWEISE

Für die Gruppenarbeit werden Schachteln mit folgenden Inhalten benötigt: Verschiedene Früchte (darunter Beeren, Früchte der Erle, Früchte des Ahorns, Früchte der Hainbuche, Kastanien und Haselnüsse), weißes Papier, Büroklammern (verschiedene Größen wären dabei von Vorteil, jede Größe muss dann allerdings viermal vorhanden sein). Die Aufgaben 1 bis 3 des Forscherauftrags können auch zunächst als Einzelarbeit durchgeführt werden. Im Anschluss daran findet in der Gruppe ein Austausch darüber statt. So entstehen noch vielfältigere Ergebnisse.
Mithilfe der Versuche können folgende Zusammenhänge veranschaulicht werden: Um lange in der Luft bleiben zu können, braucht die Frucht Tragflächen (Flügel). Die Frucht kann umso länger in der Luft bleiben, je größer diese sind. Je länger die Frucht in der Luft bleiben kann, desto weiter kann sie verbreitet werden. Dies sollte mit den Schülern herausgearbeitet und verbalisiert werden. Folgender Versuch zeigt den Zusammenhang zwischen Flugdauer und Ausbreitungsweite. (Er kann als Lehrerdemonstration am Ende alle Zusammenhänge nochmals verdeutlichen. Ist genügend Material vorhanden, kann er auch als Schülerversuch durchgeführt werden): Ein Schüler steht am Anfang eines am Boden befestigten Maßbandes und lässt eine Frucht durch den Luftstrom des Föhns nach unten fallen, wodurch diese nach vorne getragen wird. Nun kann man nacheinander die Flugweiten der Früchte (oder auch der Modelle) feststellen und mit der Flugdauer in Verbindung bringen. Ein Föhn simuliert hierzu den Wind. An dem Maßband kann die Weite abgelesen werden.

UNTERSTÜTZTE KOMPETENZEN:

- Die Schüler können erste Modellvorstellungen von Naturphänomen aufbauen (hier: Untersuchung der Modelle von Flugfrüchten).
- Die Schüler können einfache Versuche zur Überprüfung von Vermutungen beraten, planen und durchführen (hier: Welche Eigenschaften sind wichtig für die Flugfrüchte?).
- Die Schüler können einfache Ursache-Wirkungszusammenhänge erkennen und angemessen sprachlich darstellen (hier: Je größer die Fläche einer Frucht und je leichter sie ist, desto langsamer fällt sie zu Boden. Je langsamer eine Frucht zu Boden fällt, desto weiter kann sie vom Wind getragen werden.).
- Die Schüler können die Abhängigkeit der lebenden von der nicht lebenden Natur erkennen und exemplarisch begründen (hier: Abhängigkeit der Verbreitung vom Wind).

Gründe für die Verbreitung

 **INFOTEXT 1**

Grund 1: Pflanzen brauchen zum Wachsen viel Wasser und Licht. Würde ein Samen direkt nach unten fallen, so wäre die junge Pflanze, die daraus hervorgeht, im Schatten der Mutterpflanze und würde sich mit ihr auch das Wasser teilen müssen.

Grund 2: Sind zu viele Pflanzen von einer Art an einer Stelle, so lockt das Feinde an, die auf diesem kleinen Raum viel Nahrung finden können.

Grund 3: Die Pflanze kann durch die Verbreitung ihres Samens neuen Wohnraum nutzen, den sie sonst nicht erreichen könnte.

 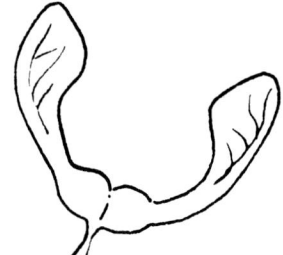

Tiere verbreiten Samen

 **INFOTEXT 2**

Manche Früchte (zum Beispiel die Früchte der Klette) bleiben im Fell der Tiere hängen. Die Früchte besitzen dazu spezielle Härchen oder Haken. Irgendwann beim Putzen oder beim schnellen Laufen fallen sie dann wieder ab.

 Andere Früchte werden von Tieren (wie den Vögeln) gefressen und mit dem Kot später wieder ausgeschieden. Dies ist häufig bei „Beeren" der Fall: Himbeere, Brombeere, Vogelbeere …

Auch das Eichhörnchen verbreitet Früchte. Es vergräbt Nüsse als Nahrungsvorrat für den Winter. Einige davon findet es allerdings nicht wieder. Diese bleiben im Boden und keimen dann im Frühjahr aus.

Verbreitung durch den Wind — FORSCHERAUFTRAG

Schaut euch die unterschiedlichen Früchte an. Welche werden davon über den Wind verbreitet? Begründet.

Beobachtet den Flug der „Windfrüchte". Beschreibt die Flugarten.

Untersucht die Früchte. Was stellt ihr fest? Beschreibt.

Mithilfe von Versuchen könnt ihr herausfinden, wann eine Flugfrucht besonders lange in der Luft bleiben kann.

Baut dazu ein Flugfrüchte-Modell:

Baut weitere Modelle, bei denen ihr immer nur eine Eigenschaft verändert.

Wie könnte ein Versuch mit euren Modellen aussehen? Plant gemeinsam.

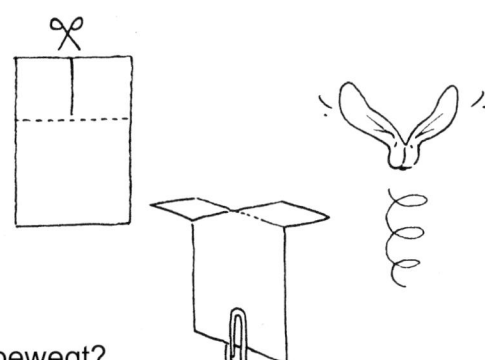

 Was wird in der Natur auch durch die Luft bewegt?

Verbreitung durch den Wind — HILFEKARTE

1. Baut drei Modelle, die sich nur in der Flügelgröße unterscheiden.
2. Baut drei Modelle, die sich nur im Gewicht des Samens (Büroklammer) unterscheiden.

Lasst diese Modelle dann aus derselben Höhe nach unten fallen und vergleicht, welches am langsamsten nach unten fliegt.

3.4 Warum sind Hecken schützenswert?

3.4.1 Lebensraum für Tiere und Pflanzen

FACHLICHER HINTERGRUND

Wie in den vorausgegangenen Einheiten bereits erfahren (und daher hier nur noch kurz zusammengefasst), dient die Hecke vielfältigen Lebewesen als Raum, in dem sie die notwendigen Voraussetzungen für ihr Überleben finden. Im Krautsaum der Hecke wachsen Wildkräuter und Gräser, in der sich anschließenden Mantelzone finden sich Sträucher und in der Kernzone überragen Bäume die übrigen Heckenpflanzen. Das Zentrum ist nahezu licht- und damit auch blattarm, wohingegen die Außenbereiche stark belaubt sind. Die Hecke bietet somit viele verschiedene Zonen (von warm bis kalt, von sonnig bis schattig, von feucht bis trocken), was die ideale Basis für eine vielfältige Flora und Fauna bildet. So nutzen die Tiere die Hecke als wichtige Nahrungsquelle sowie als Wohn- und Schlafraum, da sie ihnen Schutz vor Witterung (z.B. beim Überwintern), Feinden (z.B. durch dornige Äste) und Störungen (z.B. wichtig beim Brüten) gewährt. Pflanzen bietet sie ebenfalls einen geschützten Raum (z.B. vor hohen Windstärken) und vielfältige Verbreitungsmöglichkeiten.

UNTERRICHTLICHER VERLAUF

In den vorausgegangenen Einheiten haben die Schüler bereits viel über die Bedeutung von Hecken für Tiere und Pflanzen gelernt. Dieses Wissen soll hier gebündelt und wiederholt werden. Zunächst wird den Schülern gemeinsam nochmals ins Gedächtnis gerufen, welche Pflanzen und Tiere sie schon als Heckenbewohner kennengelernt haben. Im Mittelpunkt des sich anschließenden Gesprächskreis steht die Frage „Warum haben diese Tiere und Pflanzen wohl die Hecke als ihren Lebensraum gewählt?". Die von den Schülern genannten Aspekte können als Wortkarten an der Tafel festgehalten und im Anschluss daran geordnet werden. Auf Inhalte, die ungenannt bleiben, können Hilfsimpulse lenken. Es bietet sich an, die einzelnen Bereiche grafisch miteinander zu verbinden. Das Schaubild unten zeigt ein mögliches Beispiel hierfür.

Folgende Übersicht könnte das Ergebnis der Stunde zusammenfassen:

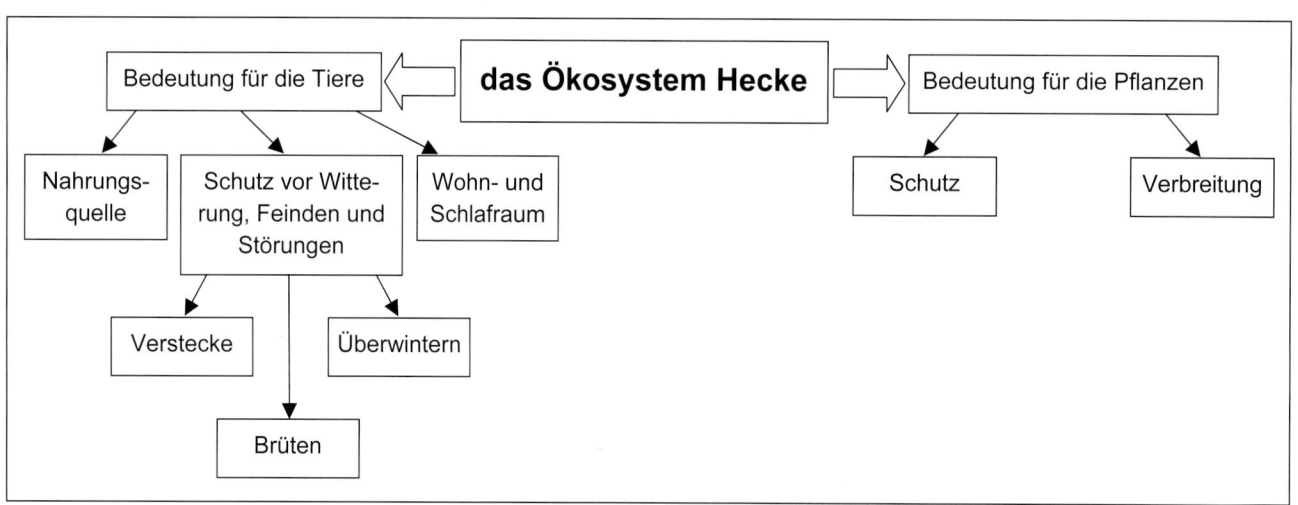

58

DIDAKTISCH-METHODISCHE HINWEISE

Der Forscherauftrag kann zunächst von jedem Schüler alleine bearbeitet werden. Diese Ideen werden auf Wortkarten gesammelt.

Im Anschluss daran können diese in Kleingruppen (maximal 5 Kinder) miteinander verglichen und besprochen werden. Auf großen Papierbögen wird dann aus allen Ideen ein gemeinsames Plakat gestaltet.

UNTERSTÜTZTE KOMPETENZEN:

- Die Schüler können einfache Ursache-Wirkungs-Zusammenhänge erkennen und sprachlich darstellen (hier: Zusammenhänge zwischen Flora und Fauna im Ökosystem Hecke).

- Die Schüler können Systeme in der Natur exemplarisch erkennen (hier: Abhängigkeiten und Wechselwirkungen im System „Hecke").

Die Hecke als Lebensraum für Tiere und Pflanzen

 FORSCHERAUFTRAG

1. Welche Tiere leben in der Hecke?

2. Vermute: Warum leben diese Tiere genau in der Hecke? Schreibe jede Antwort auf eine Wortkarte.

3. Welche Pflanzen leben in der Hecke?

4. Vermute: Warum leben diese Pflanzen in der Hecke? Schreibe jede Antwort auf eine Wortkarte.

 Ordnet nun gemeinsam eure Wortkarten. Was hängt zusammen? Verbindet mit Pfeilen.

3.4.2 Nutzen für den Menschen

FACHLICHER HINTERGRUND

Leider wird immer wieder die Bedeutung von Hecken für Menschen, Tiere und Pflanzen verkannt, sodass diese weniger häufig in der Landschaft vorkommen als es eigentlich nötig wäre. Hier wird nun knapp eine Auswahl an Vorteilen vorgestellt, die Hecken mit sich bringen:

- Die Hecke bietet Schutz vor starkem Wind, der für das Wachstum von Pflanzen aufgrund seiner kühlenden, trocknenden Wirkung nachteilig ist. Im Umfeld von Hecken findet ein Ausgleich der Boden- und der bodennahen Lufttemperatur statt, wodurch kaum Extreme auftreten.

- Hecken vermindern durch die Verlangsamung der Windgeschwindigkeit auch die Bodenerosion (also das Abtragen der Bodenkrume) durch Wind, die Erosion durch Wasser wird durch das dichte Wurzelwerk eingeschränkt. Darüber hinaus schützen sie auch vor Schneeverwehungen.

- Hecken reinigen die Luft: Durch ihre dichte Belaubung filtern sie Staubpartikel, durch die Verminderung der Windgeschwindigkeit wird der Ausbreitung von Schadstoffen (z.B. Autoabgase) entgegengewirkt.

- Die Hecke ist ein wichtiger Lebensort für Nützlinge (Beispiel: Die Florfliegenlarve frisst Blattläuse.), wodurch der Befall der Nutzpflanzen verringert werden kann.

- Für uns Menschen stellen Hecken einen wichtigen Wildfrucht- und Heilmittellieferanten (siehe hierzu den Informationstext) dar. Sie besitzen einen hohen Erlebnis- und Erholungswert.

UNTERRICHTLICHER VERLAUF

Als Anbindung an die letzte Stunde dient die leichte Provokation „Die Hecke ist nur für Pflanzen und Tiere wichtig." Zunächst sollte die Betonung auf Pflanzen und Tiere liegen, damit die Schüler das Wissen der letzten Stunden nochmals wiederholen und reflektieren. Beim nochmaligen Sprechen wird nun die Betonung auf NUR gelegt, was die Schüler sicher zu einem Protest anregt. Die Hecke sei schließlich auch für Menschen gut. Ein sich anschließender Gesprächskreis lässt das Vorwissen der Kinder deutlich werden. Einige Aspekte, wie das Ernten von Heckenfrüchten, werden sicherlich von den Schülern eingebracht. Die weiteren Inhalte werden in einem Forscherauftrag mithilfe eines Informationstextes erarbeitet. Während die Ergebnisse präsentiert und besprochen werden, können die Hauptpunkte an der Tafel gesammelt werden. Der zweite Forscherauftrag befasst sich dann mit der Verwendung der Früchte. Um den Schülern einen geschmacklichen Eindruck davon zu bieten, können hier einzelne Produkte dargeboten werden, so zum Beispiel: Holundersaft, Holundertee, Hagebuttentee, Brombeeren. Innerhalb der Informationstexte werden die möglichen Verwendungsarten dargestellt, von denen die Schüler jeweils zwei auswählen und dokumentieren. Als Abschluss dient eine Reflexion darüber, wie sich Menschen verhalten können, um negative Auswirkungen auf das Ökosystem Hecke zu vermeiden (Keine Pflanzen und Tiere unnötig gefährden, keinen Müll in der Natur liegen lassen, usw.).

DIDAKTISCH-METHODISCHE HINWEISE

Da der Nutzen der Hecke für uns Menschen nur schwer in der Grundschule durch Versuche deutlich gemacht werden kann, muss ein Informationstext als Grundlage der Erarbeitung dienen. Dieser ist bewusst knapp gehalten. Wenn die Lehrkraft die einzelnen Vorteile noch vertiefen möchte, besteht die Möglichkeit, eine Stunde mit Recherchearbeiten zu dem Thema durchzuführen oder zu jedem inhaltlichen Aspekt ein kleines Referat zu verteilen. Bei Interesse an der Verwendung von Heckenfrüchten ist folgendes Buch zu empfehlen: Markus Strauß: Köstliches von Hecken und Sträuchern: bestimmen, sammeln und zubereiten, Hädecke, 2011.

UNTERSTÜTZTE KOMPETENZEN:

- Die Schüler können einfache Ursache-Wirkungs-Zusammenhänge erkennen und angemessen sprachlich darstellen (hier: Auswirkungen der Hecke auf ihr Umfeld).

- Die Schüler können die Abhängigkeit der lebenden von der nicht lebenden Natur erkennen, exemplarisch begründen und dabei die Begründungen verständlich artikulieren (hier: Abhängigkeit der Fauna vom Wind).

- Die Schüler können die Notwendigkeit eines verantwortlichen Umgangs mit der Natur unter dem Aspekt der Nachhaltigkeit begründen (hier: Bedeutung des Ökosystems „Hecke").

- Die Schüler können aus diesen Erkenntnissen eigene Verhaltenskonsequenzen für den Alltag ziehen (hier: Verhalten zugunsten der Hecke).

Vorteile der Hecke  FORSCHERAUFTRAG 1

Welchen Nutzen hat die Hecke für den Menschen und für die Natur?
Überlege mit deinem Partner zusammen und schreibt zwei eurer Vermutungen auf.

Holt euch erst jetzt den Informationstext und lest ihn genau durch.
Unterstreicht wichtige Stellen.

Welche Vorteile von Hecken habt ihr gefunden? Sucht drei aus und erklärt kurz.

Habt ihr schon einmal selbst Erfahrungen dazu gemacht?

Verwendung der Früchte  FORSCHERAUFTRAG 2

1. Probiert die Speisen, die vor euch stehen. Schreibt auf, wie euch die einzelnen Produkte geschmeckt haben.

2. Lest euch den Informationstext genau durch.

3. Wählt zwei wichtige Verwendungsmöglichkeiten von Heckenfrüchten aus und schreibt sie auf.

Diese Vorteile bieten Hecken

 INFOTEXT

Die Hecken schützen vor starkem Wind, da die Äste und Blätter diesen abbremsen. Das ist wichtig für die Pflanzen, da der Wind den Boden austrocknen und abkühlen würde, was für ihr Wachstum nicht gut ist.

Ein kräftiger Wind nimmt auch immer etwas Erde mit sich, wenn er über den Boden weht. Der Wind wird durch die Hecke langsamer und kann daher nicht so viel Erde abtragen. Auch das Wasser kann nicht so viel Erde mit sich schwemmen, da die dichten Wurzeln der Heckenpflanzen die Erde festhalten.

Die Blätter der Hecke reinigen die Luft. Sie filtern winzige Staubteilchen aus der Luft. Auch können die Schadstoffe, wie die Abgase von Autos, nicht mehr so weit verbreitet werden, da die Hecke den Wind, der diese forttragen würde, aufhält.

In der Hecke leben viele Tiere, die für uns nützlich sind, da sie Schädlinge fressen. Die Florfliegenlarve lebt in der Hecke und wandert von dort auch auf die Felder. Eine ihrer Leibspeisen sind Blattläuse!

Uns Menschen liefert die Hecke wichtige Früchte, die nicht nur gut schmecken, sondern auch gesund sind.

So nutzen wir Menschen die Sträucher

INFOTEXT

Holunder 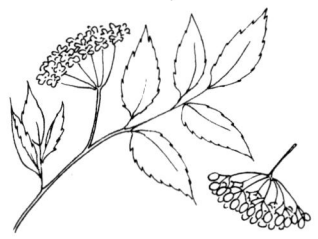	Die **Blüten** und die **Rinde** des Holunders werden getrocknet und können dann zu Tee aufgebrüht werden. Dieser Tee ist gut gegen Erkältung, da er viele Vitamine enthält. Die Blüten können aber auch in Pfannkuchenteig gebacken werden (Holunderküchlein). Aus den **Früchten** des Holunders kann Holundersaft oder Holunderlimonade gepresst werden, sie enthalten viele gesunde Vitamine. Der rote Saft des Holunders wird auch zum Färben von Süßigkeiten benutzt. Aus den Früchten kann Marmelade hergestellt werden.
Eberesche 	Roh sind die Vogelbeeren ungenießbar, aber aus den gekochten **Früchten** kann Marmelade, Saft oder Tee zubereitet werden. Die Früchte besitzen auch heilende Kräfte, so wirken sie gut bei Verdauungsbeschwerden (z.B. Durchfall) und helfen dem Abwehrsystem des menschlichen Körpers, sodass er Krankheiten besser abwehren kann. Gibt man in den Tee oder Saft etwas Honig, helfen diese auch bei Husten. Das **Holz** der Eberesche eignet sich gut für Schnitzereien und wurde ganz früher sogar zur Herstellung von Zauberstäben genutzt.
Hartriegel 	Die Blätter und die Rinde sind leicht giftig. Die **Früchte** hingegen sind gekocht nicht giftig. Man kann aus ihnen Marmelade oder Saft herstellen.

So nutzen wir Menschen die Sträucher

INFOTEXT

Brombeere 	**Brombeeren** werden meist roh gegessen, zum Beispiel in Torten oder gemischt mit Joghurt. Gekocht werden sie zu Marmelade, Saft oder Kompott weiterverarbeitet. Brombeeren helfen aber auch bei Krankheiten. Sie sind gut bei Fieber und Erkältungen, aber auch bei Zahnfleischentzündungen. Junge **Brombeerblätter** ergeben einen Tee, der gut für den Magen ist und gegen Heiserkeit hilft.
Heckenrose 	Die Früchte der Heckenrose nennt man Hagebutten. Gekocht werden diese **Hagebutten** für Tee, Saft und Marmelade verwendet. In der Küche dienen sie vereinzelt zum Würzen von Speisen. Aus den Nüsschen kann Öl gewonnen werden, das zur Hautpflege genutzt wird. Die Hagebutte hilft bei Erkältungen und bei Frühjahrsmüdigkeit. Sie wird auch zur Behandlung von Narben eingesetzt.

Heckenprojekt

Das Thema Hecke bietet sich an, verschiedene Maßnahmen zu bündeln, die projektartig durchgeführt und entsprechend präsentiert werden können.

Zu 3.1 Die Pflanzen der Hecke

- Gestaltet mit getrockneten und frischen Blättern und Früchten der Hecke eine Collage in der Landart-Technik.
- Beobachtet einen Strauch der Hecke im Frühling, Sommer, Herbst und Winter. Wie sieht er in den verschiedenen Jahreszeiten aus. Malt den Strauch jedes Mal auf ein sehr großes Plakat. Hängt die vier Plakate im Klassenzimmer auf.
- Erstellt ein Früchte-Büchlein. Zu jeder Frucht der Hecke ist darin ein Steckbrief mit Foto oder Bild enthalten.
- Baut gemeinsam ein Blütenmodell.

Zu 3.2 Die Tiere der Hecke

- Erstellt ein Plakat mit den Tieren und ihren verschiedenen Spuren. Malt dazu und klebt Fotos auf.
- Entwerft eine Ausstellung über die Vögel der Hecke. Stellt sie anderen Klassen vor.

Zu 3.3 Die Hecke als Ökosystem

- Entwickelt ein Spiel zum Nahrungsnetz. Spielt das Spiel gemeinsam in Gruppen.
- Geht in der Natur auf Entdeckungsreise, sucht und fotografiert Tiere, die sich gut tarnen und verstecken. Stellt die Fotos in der Schule aus.
- Baut ein Flugfrüchte-Modell.

Zu 3.4 Warum sind Hecken schützenswert?

- Baut die Hecke in einem Karton nach. Zeigt im Modell, welchen Nutzen die Tiere durch die Hecke haben.
- Kocht und backt gemeinsam mit Heckenfrüchten.

Forschermappe

Im Rahmen der Unterrichtseinheit zur Hecke kann eine Forschermappe angelegt werden. Dazu kann ein kleiner Ordner dienen, der zwei große Bereiche umfasst, zum einen eine Langzeitbeobachtung der Schüler bezüglich eines selbstgewählten Strauches und zum anderen alle Protokolle und Informationsblätter aus den Unterrichtseinheiten. Zum Trennen der Bereiche wird eine Klarsichtfolie verwendet. Die Deckblätter hierfür werden von jedem Kind selbst gestaltet. Auch könnten zwei Inhaltsangaben angelegt werden, die es im Laufe der Zeit zu ergänzen gilt. Die beiden möglichen Schwerpunkte der Forschermappe:

Mein Strauch

Im Verlauf des Schuljahrs erstellen die Schüler Informationsblätter zu einem einheimischen Strauch, den sie sich selbst aussuchen dürfen. Die jahreszeitliche Veränderung an einer Hecke bietet die Möglichkeit einer Langzeitbeobachtung. Am Anfang des Schuljahres werden die Schüler aufgefordert, sich einen Strauch auszusuchen. Dabei kann ein Strauch in der Schulumgebung gewählt werden, wenn hier eine vielfältige Auswahl zur Verfügung steht. Es sollte hierfür allerdings einmal im Monat eine Stunde bereitgestellt werden, in der alle an ihrem Protokoll weiterarbeiten. Die Aufgabe kann aber auch zu Hause durchgeführt werden. Dann dürfen die Schüler einen Strauch aus ihrer häuslichen Umgebung wählen, der im Mittelpunkt der Beobachtung steht.

Beim Vorgehen gibt es drei Alternativen, deren Wahl von der jeweiligen Klassensituation abhängig zu machen ist:

a) Jeder Schüler arbeitet alleine an diesem Bereich. So kann die Aufgabenstellung auch zu Hause bearbeitet werden. Dieses Vorgehen setzt jedoch voraus, dass die Schüler mit dieser Art zu arbeiten vertraut sind.

b) Die Schüler arbeiten in Gruppenarbeit. Dieses Vorgehen umfasst einige Schulstunden. Es ist wichtig, dass die Lehrkraft in dieser Zeit beratend zur Seite steht. Auch sollten die Schüler Termine mit ihr vereinbaren können, um Zwischenergebnisse zu besprechen und Unklarheiten zu klären. Material kann sowohl von zu Hause mitgebracht, als auch in der Schule gefunden werden (Computerraum, Bücherei …)

c) Die Schüler arbeiten mit einem Partner zusammen, der in der Nachbarschaft wohnt. Hier kann einiges zu Hause erledigt werden, wobei zusätzliche Stunden in der Schule zur Verfügung gestellt werden.

Zur Erstellung des Steckbriefs liegt ein Forschungsauftrag vor, der den Kindern ein Anhaltspunkt zur Erstellung sein kann. Die Sternchenaufgaben stellen fächerübergreifende Angebote dar. Für Schüler, die noch spezifischere Aufträge benötigen, liegen Hilfekarten bei, die wiederum zusätzliche Angebote enthalten. Bei der Gestaltung der Protokolle kann darüber hinaus eine natürliche Differenzierung stattfinden, da jeder nach seinem Können und Geschick die Ergebnisse festhalten wird.

Erforschen der Hecke

Das gesamte Material, das im Unterricht erstellt, gesammelt oder protokolliert wird, wird in der Forschermappe abgeheftet. Auch die Informationstexte finden hier Platz. Damit die Schüler sich weiterentwickeln können, ist eine entsprechende Rückmeldung von großer Bedeutung. Es wäre wünschenswert, dass die Lehrkraft die Forschermappe in regelmäßigen Abständen mit dem Schüler zusammen durchschaut, um Lob oder Verbesserungsvorschläge anzubringen. Am Ende des Schuljahres, wenn der Schüler seine Mappe als fertig erachtet, gibt er sie der Lehrkraft. Diese geht die Mappe durch und gibt dem Verfasser ein Blatt mit Verbesserungsvorschlägen an die Hand, das ihm ermöglicht seine Mappe nochmals zu überarbeiten. Ist auch diese Überarbeitung erfolgt, fertig die Lehrkraft eine abschließende Bemerkung an, die gerade positive Aspekte und vor allem erfolgreiche Verbesserungen in den Mittelpunkt rücken sollte. Diese Forschermappe kann auch als Grundlage für eine Bewertung dienen, wenn die Kriterien dafür vorab mit den Schülern geklärt worden sind.

Die Arbeit an der Forschermappe

Du brauchst:

- einen dünnen Ordner
- zwei Klarsichtfolien mit zwei weißen Blättern

So legst du deine Mappe an:

Deine Mappe hat zwei Bereiche.

Der erste Bereich heißt: Mein Strauch.

Der zweite Bereich heißt: Erforschen der Hecke.

Schreibe und male für jeden Bereich ein schönes Deckblatt.

Lege für jeden Bereich ein Inhaltsverzeichnis an.

Mein Strauch:

Diese Inhalte sollte dieser Bereich enthalten:

- Begründung, warum du diesen Strauch gewählt hast
- Steckbrief
- Bilder und Fotos (jahreszeitliche Veränderungen)
- Beschreibungen
- Nutzen des Strauchs
- Besonderheiten und Interessantes
- Spuren von Tieren oder Menschen
- Gedichte und Geschichten
- Erklärung, wie dir die Arbeit an deinem Strauch gefallen hat

Erforschen der Hecke:

Diese Inhalte sollte dieser Bereich enthalten:

- Protokollblätter
- Informationsblätter
- Zusatzaufgaben

Steckbrief zu meinem Strauch

 **FORSCHERAUFTRAG**

- Suche dir einen Strauch aus. Erkläre, warum du ihn gewählt hast.

- Beschreibe ihn möglichst genau. (Achte auf alle seine Teile.)

- Du kannst Fotos und Zeichnungen von deinem Strauch machen.

- Gehe jeden Monat zu deinem Strauch und schau nach, ob er sich verändert hat. Schreibe, zeichne, sammle oder fotografiere.

- Was fällt dir besonders auf? Findest du Spuren?

- Was interessiert dich? Schaue im Internet oder in Büchern nach.

🔍 Du kannst auch Geschichten oder Gedichte rund um deinen Strauch schreiben.

🔍 Male doch ein Bild von deinem Strauch mit Wasserfarben oder Wachsmalkreiden.

Steckbrief zu meinem Strauch

 **HILFEKARTE**

Das kannst du zu jeder Jahreszeit immer wieder erforschen:

- Zeichne einen Ast.
- Beschreibe und zeichne ein Blatt möglichst genau.
- Hast du ein Tier entdeckt? Beschreibe es.
- Was fällt dir besonders auf?
- Mache ein Foto von deinem Strauch und von dem, was du sonst noch Besonderes entdeckt hast.

🔍 Was findest du noch interessant? Schreibe oder male.

🔍 Findest du Informationen (Internet oder Bücher) über deinen Strauch?

🔍 Hast du menschliche Spuren entdeckt? Zeichne oder male.

🔍 Findest du Informationen über den Nutzen der Hecke?

HERBST   Sind an deinem Strauch Früchte zu sehen? Beschreibe, zeichne und fotografiere.

WINTER   Hast du Spuren eines Tieres entdeckt? Beschreibe und zeichne. Findest du Informationen (Internet oder Bücher) über deine Tierspuren?

FRÜHLING   Sind an deinem Strauch Blüten? Beschreibe, zeichne und fotografiere. Findest du Informationen (Internet oder Bücher) über die Blüten?

SOMMER   Findest du noch Blüten an dem Strauch? Wie sehen sie nun aus? Beschreibe, zeichne oder fotografiere.

6 Beispiele für Fragen zur Leistungskontrolle

Hier findet sich eine Auswahl an Fragen, die zur Leistungskontrolle herangezogen werden können. Da diese allerdings individuell und der gegebenen Lerngruppe angepasst erfolgen sollte, können die hier aufgeführten Fragen lediglich als Orientierung dienen. Mit den vorliegenden Fragen wurde das Augenmerk eher auf den Verstehensprozess als auf reine Reproduktion von gelerntem Wissen gelegt. Bei den Beispielen wurde zum Teil mit Bildern gearbeitet, günstiger wäre natürlich, wenn jeder Schüler ein Original erhalten könnte.

1. Schau dir den Ast genau an.

   a) Von welchem Strauch stammt er? Schau in dem Buch nach.
   b) Beschreibe seine Blätter genau.
   c) Beschreibe seine Frucht.

Die Lehrkraft zeigt den Schülern den Ast eines Strauches, der in der Stunde noch nicht betrachtet wurde, z.B. einen Schlehenast. Die Schüler erhalten dazu ein Bestimmungsbuch.

2. Vergleiche die beiden Früchte. Welche davon kann besser vom Wind verbreitet werden und warum? Begründe deine Meinung.

 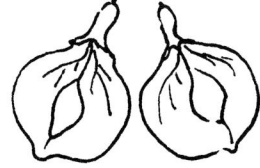

Zu empfehlen wären hier natürlich Originale, da so auch auf das Gewicht Bezug genommen werden könnte. Sollten keine Ulmenfrüchte zur Verfügung stehen, können auch Ahorn oder Eschenfrüchte gewählt werden.

3. Vervollständige zu einem möglichen Nahrungsnetz.

   Mönchsgrasmücke

4. Ein Bauer sagt: „Hecken nehmen mir nur den Platz für meine Felder weg." Was denkst du über diese Aussage? Begründe deine Meinung genau.

5. Du findest eine schöne Blüte an einem Ast. Erkläre, wie du davon ein Modell anfertigen könntest.

6. Überlege: Wie muss eine Frucht gebaut sein, um vom Wasser verbreitet werden zu können? Begründe deine Meinung.

Literatur und Internetlinks

Bestimmen und Benennen von krautigen Pflanzen
- www.pflanzenbestimmung.de
- Spohn, Aichele: Was blüht denn da?, Kosmos, 2008
- Schauer, Caspari: Der BLV Pflanzenführer für unterwegs, BLV Buch-verlag, 2011
- Kremer: Steinbachs großer Pflanzenführer, Ulmer, 2011

Benennen von Bäumen und Sträuchern
- Stefan Cölsch: Bäume und Sträucher – Entdecken und erkennen, BLV Buchverlag, 2011
- Bernd Stimm (u.a.): Lexikon der Baum- und Straucharten, Nikol Verlag, 2011
- Helga Hofmann: Bäume und Sträucher – Die wichtigsten Arten entdecken und bestimmen, Gräfe & Unzer, 2012
- Ulrich Hecker: Bäume und Sträucher – Treffsicher bestimmen in drei Schritten, BLV Buchverlag, 2012
- Kurt Harz: Bäume und Sträucher – Blätter, Blüten, Früchte der heimischen Arten, BLV Buchverlag, 2009

Tierspuren
- www.tierspuren.net, www.federbestimmung.de, www.vogelfeder.de
- Klaus Richarz & Alfred Limbrunner: Welche Tierspur ist das?, Kosmos, 2009
- Angelika Lang: Spuren und Fährten unserer Tiere, BLV Buchverlag, 2008
- Frank Hecker: Welche Tierspur ist das?, Kosmos 2006
- Preben Bang & Preben Dahlström: Tierspuren: Fährten, Fraßspuren, Losungen, Gewölle und andere, BLV, 2009
- Andreas David: Fährten - und Spurenkunde, Kosmos, 2007

Quellenverzeichnis
- Heinrich E. Weber: Gebüsche, Hecken, Krautsäume, Ulmer, 2008
- Ernst Neußner: Bedeutung von Hecken in Feld und Flur, in: Naturschutz in der VG Asbach, 1999
- Bayerisches Staatsministerium für Landesentwicklung und Umweltfragen: Lebensraum Hecke, 2. Auflage, 1991
- Wilhelm Nultsch: Allgemeine Botanik, Thieme, 2012
- Dr. Dierschke: Heimische Vögel: Über 110 Arten im Porträt, Naumann und Goebel, 2011
- GDSU (Gesellschaft für Didaktik des Sachunterrichts): Perspektivrahmen Sachunterricht, Klinkhardt, 2013
- Markus Strauß: Köstliches von Hecken und Sträuchern: bestimmen, sammeln und zubereiten, Hädecke, 2011.
- Euonymus europaeus – Pfaffenkappen. Reife Frucht. – Viex, www.wikipedia.de
- Ligustrum vulgare, aligustre – Gewöhnlicher Liguster – A. Barra, www.wikipedia.de
- Heckenkirschen (Conicera xylosteum), Beeren – Andrew Bossi, www.wikipedia.de
- Viburnum lantana, Meneerke bloem, www.wikipedia.de
- Goldregen Blütenstand, Hans Kadereit – ka, www.wikipedia.de
- Atropa bella-donna (Tollkirsche), Kurt Stüber, www.wikipedia.de
- Blackthorn/Schlehe (Prunus Spinosa), Christof Bobrin, www.wikipedia.de
- Episyrphus balteatus (Schwebfliege), ArtMechanic, www.wikipedia.de
- Tagpfauenauge (nachis io), Jörg Hempel, www.wikipedia.de
- Heupferd, Tettigonia viridissima, Fritz Geller-Grimm, www.wikipedia.de
- Phyllium giganteum, Drägüs, www.wikipedia.de